2023年山东省社会科学规划研究专项，23CSDJ37，数字经济现出口稳定的机制与对策研究

数字经济背景下
跨境电商供应链管理研究

邹 通 著

重庆出版集团 重庆出版社

图书在版编目（CIP）数据

数字经济背景下跨境电商供应链管理研究 / 邹通著.
重庆：重庆出版社，2024. 10. -- ISBN 978-7-229
-19142-9

Ⅰ．F713.36；F252.1

中国国家版本馆CIP数据核字第2024PA3709号

数字经济背景下跨境电商供应链管理研究
SHUZI JINGJI BEIJINGXIA KUAJING DIANSHANG GONGYINGLIAN GUANLI YANJIU

邹通　著

责任编辑：袁婷婷
责任校对：刘小燕
装帧设计：寒　露

重庆出版集团
重庆出版社　出版

重庆市南岸区南滨路162号1幢　邮编：400061　http://www.cqph.com
定州启航印刷有限公司印刷
重庆出版集团图书发行有限公司发行
全国新华书店经销

开本：710mm×1000mm　1/16　印张：12.5　字数：200千
2025年3月第1版　2025年3月第1次印刷
ISBN 978-7-229-19142-9
定价：78.00元

如有印装质量问题，请向本集团图书发行有限公司调换：023-61520417

版权所有　侵权必究

前　言

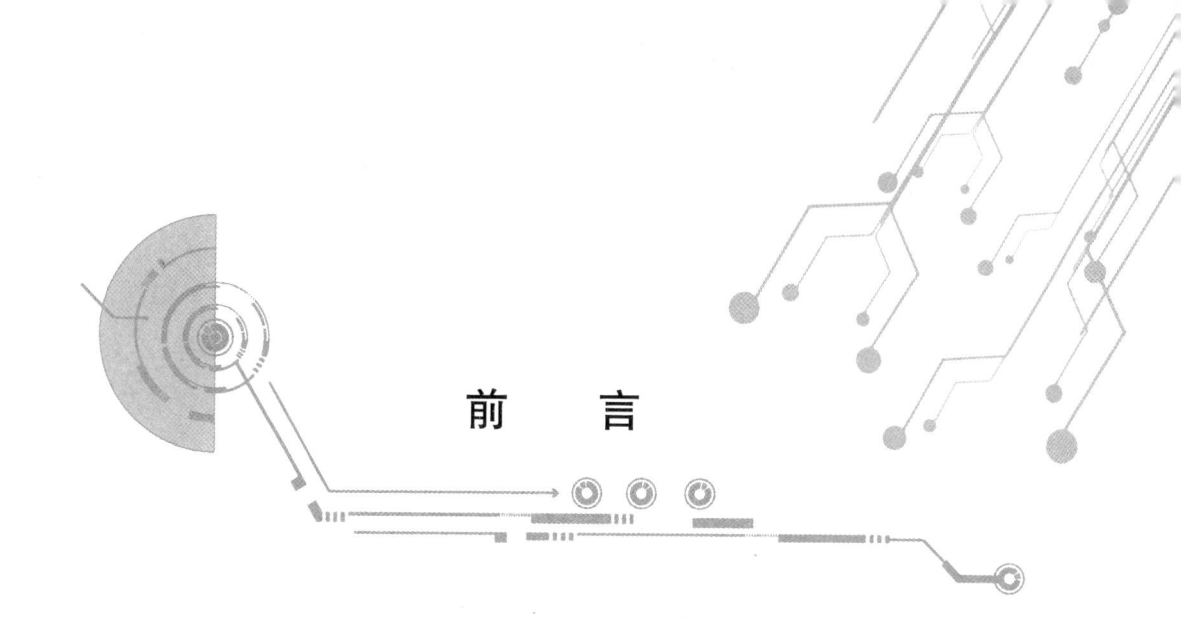

在数字经济的大背景下，跨境电商逐渐成为国际贸易的重要形式之一，供应链管理的重要性和复杂性也随之增加。随着科技的进步和数字化进程的加快，如何有效地管理跨境电商供应链成为企业面临的重要挑战之一。本书旨在对数字经济背景下的跨境电商供应链管理进行深入研究，探索其发展历程、关键技术的运用，以及在全球化的供应链管理中所面临的机遇和挑战。

本书以"走进数字经济"为出发点，先对数字经济的产生背景、内涵与发展等进行了探讨，之后通过对数字经济的研究内容、特征及体系等的分析，为读者提供了一个全面的数字经济概念框架，也为后续章节对跨境电商供应链管理的研究提供了理论基础。第二章阐述了数字经济的相关内容，第三章阐述了跨境电商供应链的相关内容，第四章至第七章从不同角度深入研究跨境电商供应链管理的各个环节，如物流管理、绩效管理、采购管理、库存管理等。通过对每个环节的数字化分析，揭示了数字经济背景下跨境电商供应链管理的创新点和未来发展趋势。第八章探讨了跨境电商全球供应链管理，为实现可持续管理提供了参考。

本书可为跨境电商企业在供应链管理方面提供指导，助力企业在数字经济时代取得成功；可为学者、研究者和相关领域的从业者提供一定的参考资料，使其推动跨境电商供应链管理的创新与发展。

目　　录

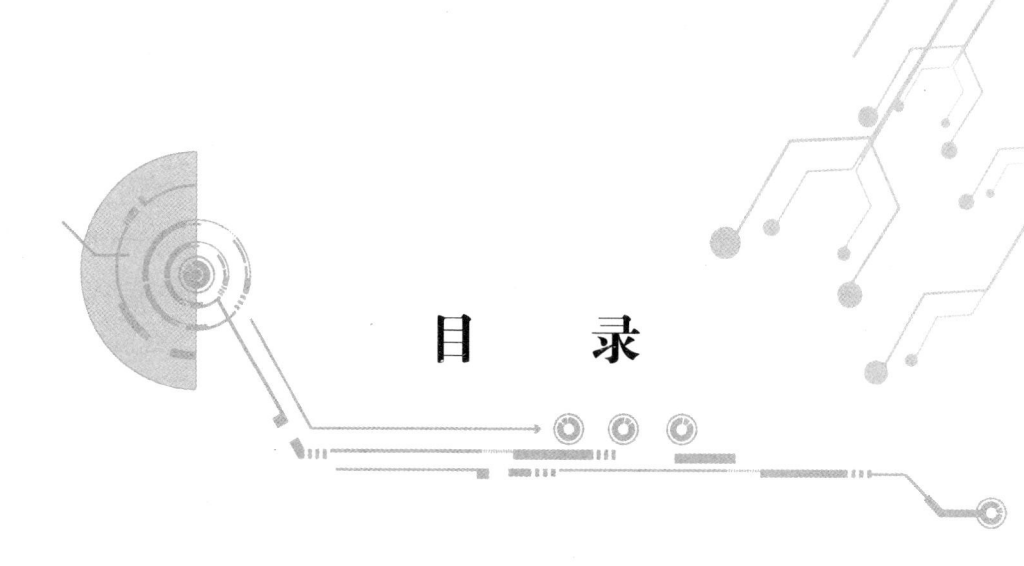

第一章　走进数字经济 ················· 1

第一节　数字经济产生的背景及研究内容 ············· 1

第二节　数字经济的内涵与类型 ············· 3

第三节　数字经济的特征及体系 ············· 5

第四节　数字经济的发展 ············· 18

第二章　数字经济相关内容 ················· 25

第一节　数字经济的基础产业 ············· 25

第二节　数字经济下的区块链与人工智能 ············· 32

第三节　数字经济的创新管理 ············· 35

第四节　数字经济下跨境电商供应链管理的理论构建 ············· 41

第三章　认识跨境电商供应链 ················· 53

第一节　跨境电商供应链概述 ············· 53

第二节　跨境电商供应链的重要性 ············· 58

第三节　跨境电商的供应链战略 ············· 61

第四节　跨境电商供应链战略与竞争战略关联 ············· 71

第四章 跨境电商物流管理数字化分析 ······ 81

第一节 跨境电商物流概述 ······ 81
第二节 跨境电商物流模式 ······ 85
第三节 数字化转型对跨境电商物流管理的影响 ······ 97
第四节 数字化技术在跨境电商物流中的运用 ······ 100

第五章 跨境电商供应链绩效管理数字化分析 ······ 117

第一节 跨境电商供应链绩效评价模型 ······ 117
第二节 跨境电商供应链绩效的驱动因素 ······ 121
第三节 跨境电商供应链绩效管理数字化 ······ 134

第六章 跨境电商供应链采购管理数字化分析 ······ 139

第一节 跨境电商采购概述 ······ 139
第二节 跨境电商采购计划 ······ 145
第三节 跨境电商供应链采购管理数字化 ······ 147

第七章 跨境电商供应链库存管理数字化分析 ······ 155

第一节 跨境电商供应链库存概述 ······ 155
第二节 跨境电商周转库存管理数字化 ······ 163
第三节 跨境电商安全库存管理数字化 ······ 168

第八章 跨境电商全球供应链管理分析 ······ 173

第一节 全球供应链管理概述 ······ 173
第二节 国际物流 ······ 179
第三节 跨境电商全球供应链可持续管理 ······ 184

参考文献 ······ 190

第一章　走进数字经济

第一节　数字经济产生的背景及研究内容

如今,传统经济理论在某些方面已经无法充分解释和应对数字经济发展过程中涌现出的新现象和新问题。为了揭示数字经济发展中各种现象之间的内在联系以及背后的规律,就要通过对大量数字经济现象和问题的梳理,总结出数字经济的发展规律。进一步来说,需要揭示数字经济的范畴与本质,并在此基础上构建出完整的数字经济理论体系框架。

一、数字经济产生的背景

(一)社会环境为数字经济提供了生长的土壤

1. 全球网民数量增加

在全球化的背景下,网络成为人们日常生活中不可或缺的一部分,互联网技术和数字设备不断涌现,数字经济逐渐成为当下社会的重要组成部分。随着网络的普及,全球网民数量逐年增加,网络覆盖范围不断扩大,网络信息化程度也越来越高。目前,全球网民数量已经达到了数十亿,互联网用户的庞大基数为数字经济的发展提供了广阔的空间。网民通过互联网不仅能够获取丰富的信息资源,还能进行商务活动,推动经济的数字化转型。数字经济逐渐渗透到社会生活的各个领域,并且成为推动社会经济发展的重要力量。可以认为,全球网民数量的增加即数字经济发展的重要表现形式。

2. 移动支付普及

移动支付是指通过手机等电子产品，利用客户端软件来进行电子货币支付的一种方式。该支付方式将互联网技术、智能终端设备以及金融机构有效地结合在一起，形成了一种全新的支付体系。通过移动支付，用户可以便捷地缴纳电话费、燃气费、水电费等各类生活费用。移动支付开辟了新的支付途径，使得电子货币在人们的日常生活中开始普及。

随着移动支付的普及，支付宝、微信支付等支付平台逐渐崭露头角，成为支持移动支付业务的重要平台。这些支付平台通过发展和完善，吸引了越来越多的用户使用手机进行移动支付。现在，人们在外出时很少携带现金，因为几乎所有场合都可以通过手机完成支付。例如，在乘坐公共交通工具时，人们可以使用手机扫码支付；在餐馆用餐时，人们可以通过手机扫码支付饭费；在购物时，人们也可以利用手机扫码付款。可以说，移动支付已经融入人们的日常生活中，成为人们日常消费的重要支付方式。

3. 工业互联网平台发展壮大

在工业领域，工业互联网平台作为支持制造业数字化、自动化、网络化以及智能化发展的重要基础设施，也在不断发展壮大。工业互联网平台主要依靠大数据技术，通过对海量数据的采集、汇聚、整理、分析，构建起一套完善的服务体系，从而为制造业提供弹性供给、高效配置的云计算平台。工业互联网产业联盟发布的《工业互联网平台白皮书》显示，在全球范围内，许多实力雄厚的大企业都在开发自己的内部网络系统，甚至有些企业已经拥有了自己的卫星通信系统，这些都为工业互联网平台的发展提供了有力的支持。

（二）前期的相关研究为数字经济的形成提供了理论基础

随着数字技术的不断进步和更新，数字经济得以蓬勃发展。在此背景下，无论是学术界还是产业界，都开始将研究的重点从信息经济学、互联网经济学、网络经济学转向数字经济领域，并将数字经济发展中的各种新现象、新问题和新理论作为其主要的研究内容。当网络经济学的定义得到明确阐述之后，国内涌现出大量关于网络经济、数字经济的研究，其中最具影响力的研究是中国信息通信研究院、阿里研究院、腾讯研究院等机构对数字经济领域的相关研究。目前，国内外的学者已经开始逐渐深入研究数字经济的各个方面，包括数字经济发展过程中遇到的问题、数字技术、数字经济的运行规律、数字经济的本质和发展的理论机制等，这些研究对于构建数字经济学的主要内容和框架体系具有重要的意义和价值。

二、数字经济的研究内容

在狭义上看，数字经济指的是与信息通信技术（ICT）相关的产业，但在本研究中，数字经济的范畴很大，因为从根本上来讲，数字经济不局限于ICT产业，其只是数字经济的基础部分。更重要的是，在数字经济的背景下，传统产业可以通过数字化的方式实现转型升级，实现低成本、高效率的增值，进一步促进整体经济结构的优化和社会运行效率的提升。因此，传统产业与数字产业的融合部分才是数字经济的核心。

本书认为，数字经济的研究应当围绕其基本知识和相关理论展开，为数字经济领域的问题提供分析方法，并运用经济学的理论和工具，全面、系统地解释数字经济中的各种问题。其主要内容包括数字经济的基本理论、数字技术、数字产品、数字技术对传统产业的改造，以及国外数字经济的发展战略和我国应对数字经济冲击的策略。在数字经济时代，无论是企业还是个人，都需要具备较高的数字素养和意识，积极地运用数字化技术进行自我提升和优化，否则将面临被淘汰的风险。

第二节　数字经济的内涵与类型

一、数字经济的内涵

数字经济是继农业经济和工业经济之后的一种新的经济社会发展形态。人们对于数字经济的认识是一个逐步深入的过程。

随着数字经济的持续推进，其内涵与外延日渐丰富。在现行的国民经济行业分类和统计制度下，准确划定数字经济的边界并不是一件简单的事。之所以难以准确划定数字经济的边界，是因为它是一种融合型经济形态。

数字经济作为互联网走向成熟的产物，展现出更为丰富的内涵。目前，对于数字经济概念的界定主要有以下两种：

第一，数字经济既是一种技术和工具，也是一种网络化的基础设施。正如工业时代依靠电力、交通等物理基础设施一样，未来的经济社会发展将依赖数字基础设施。在物联网技术的支持下，传统的基础设施将实现全面的数字化，从而进入万物互联的新时代。

第二，从科技发展的历史角度来看，数字技术是与蒸汽机、电力一样，具有同等重要性的"通用目的技术"（GPT）。数字技术将重新塑造整个经济社会的面貌，将重构各行各业的商业模式和盈利方式。在未来，所有的产业将向数字化方向发展，所有的企业也将成为数字化企业。

二、数字经济的类型

数字经济以数字化信息为关键资源，以信息网络为依托，通过信息通信技术与其他领域紧密结合，形成了以下五种类型：基础型数字经济、融合型数字经济、效率型数字经济、新生型数字经济、福利型数字经济[①]，具体如表1-1所示。

表1-1 数字经济的类型

类 型	内 容
基础型数字经济	传统的信息产业构成了基础型数字经济，它是数字经济的内核
融合型数字经济	信息采集、传输、存储、处理等信息设备不断融入传统产业的生产、销售、流通、服务等各个环节，形成了新的生产组织方式，传统产业中的信息资本存量带来的产出增长份额，构成了融合型数字经济
效率型数字经济	信息通信技术在传统产业中的普及，促进全要素生产率提高而带来的产出增长份额，构成了效率型数字经济
新生型数字经济	信息通信技术的发展不断催生出新技术、新产品、新业态，其可称为新生型数字经济

---

① 张琳琳，伍婵提.数字经济背景下零售商业模式创新与路径选择研究[M].上海：上海交通大学出版社，2022：2.

续 表

类 型	内 容
福利型数字经济	信息通信技术普及所带来的消费者剩余和社会福利等正外部效应,构成了福利型数字经济

第三节 数字经济的特征及体系

一、数字经济的特征

数字经济作为一种新的经济形态,无论是从基本特征方面还是从规律性特征方面,都呈现出有别于传统农业经济与工业经济的独特性。[①]

(一)数字经济的基本特征

数字经济的基本特征有八个,具体内容如图1-1所示。

1. 数据资源成为数字经济时代的核心生产要素
2. 数字基础设施成为数字经济发展的关键基础设施
3. 数字技术的进步成为数字经济发展的不竭动力
4. 数字素养成为数字经济时代对劳动者和消费者的新要求
5. 数字经济平台生态成为数字经济下的主流商业模式
6. 数字产业的基础性、先导性作用突出
7. 多方融合成为推动数字经济发展的主引擎
8. 多元协同数据治理成为数字经济的核心治理方式

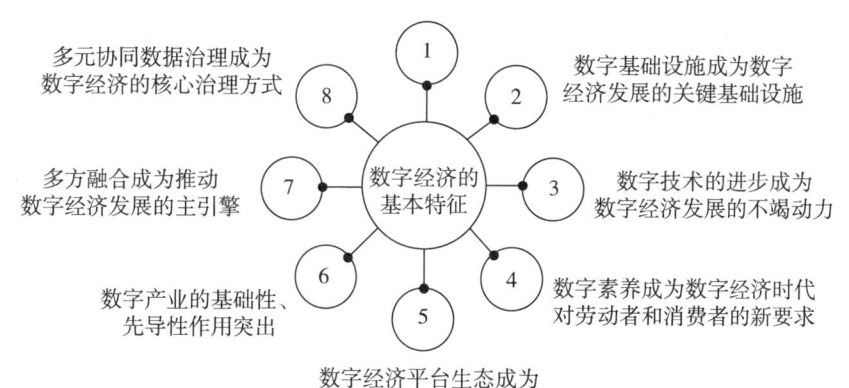

图1-1 数字经济的基本特征

---

① 申雅琛.数字经济理论与实践[M].长春:吉林人民出版社,2022:6.

1. 数据资源成为数字经济时代的核心生产要素

正如传统的农业经济和工业经济需要土地、劳动力、资本和技术等生产要素以及配套的基础设施，数字经济同样需要特定的生产要素和基础设施的支持。但与前两种经济形态不同，数字经济的发展催生了一种新的生产要素——数据。数字经济中的数据可以与农业经济的土地和劳动力、工业经济的资本和技术相提并论。在数字经济的驱动下，社会的各个领域都在不断融入数字化的元素，数据驱动的创新逐渐成为国家创新发展的核心和主要方向。数据的价值不只在于其本身，更在于通过数据的分析和应用，能够产生新的知识和信息，为企业的决策提供有力的支持。

随着数字经济的不断发展，人类的消费和投资等经济活动产生的信息都将以数字的形式存储、传输、处理和使用，大量数据的产生和对数据的处理需求催生了"大数据"这一概念。数据正在成为社会基础性的战略资源，也成为企业的核心竞争力所在。数据的价值在于其能够为企业产品和服务的创新提供支持，企业的创新能力体现在能够将用户、环境等产生的各类数据资源转化为对企业决策有用的知识和信息上。基于数据的按需生产、生产流程的改造以及服务水平的提升成为可能，谁能够掌握各类数据，谁就拥有了竞争优势。

数字技术在人类社会的生产和生活各个方面的不断渗透，使得经济交易变得更加便捷，也使得社会的治理方式变得更加有效。在数字经济时代，数据已经成为最核心、最关键的生产要素，它的驱动型创新向经济、社会、文化、政治、生态等各个领域不断扩展和渗透，并且成为推动国家创新的重要动力。大量的数据资源为人类社会带来了更多的新价值，也为人类价值创造能力质的飞跃提供了不竭的动力。数据要素与其他要素相比，有其独特性：第一，数据要素具有规模报酬递增的特点，即数据量越大，包含的信息量越大，能够挖掘出的内涵和价值也就越多，这与传统经济下的规模报酬递减特性形成鲜明对比；第二，数据要素可重复使用，可以被多人共享，而传统要素一旦使用就不复存在；第三，虽然数据可以无限增长，可重复利用，可被多人共享，且不具有排他性，突破了传统经济下资源稀缺性对经济发展的制约，但数据依赖于经济主体的消费和投资行为，缺乏独立性，因此，是否能够作为独立的生产要素推动经济的持续增长和永续发展仍然存在疑问。

2. 数字基础设施成为数字经济发展的关键基础设施

正如工业经济活动在很大程度上依赖于铁路、公路和机场等物理基础设施，数字经济活动的开展也需借助相应的基础设施。这两者的区别在于，数字经济所需的基础设施既包括宽带、大数据中心、云计算中心等数字基础设施，也包括通过加入数字化组件而改良的传统基础设施。而数字基础设施中包含通过数字技术对传统物理基础设施进行改造的设施，即混合型数字基础设施。数字化停车系统、数字化交通系统、数字化监测系统等都是对传统物理基础设施进行数字化改造的例子，属于混合型数字基础设施。这两类基础设施共同构成了数字经济的核心基础设施，推动了数字经济的发展。工业经济的基础设施主要以铁路、公路、机场等为代表，而在数字经济时代，基础设施建立在"云+管+端"的架构上，"云+管+端"的数字基础设施，通过对传统物理基础设施的数字化改造，实现了土地、水利等传统农业基础设施以及交通、能源等传统工业基础设施的智能化。

3. 数字技术的进步成为数字经济发展的不竭动力

从历史的角度来看，人类经济社会的发展并不总是平稳的，而是在技术的推动下实现了跃升式的发展，如蒸汽机的发明引领了工业革命，信息通信技术（ICT）的应用触发了信息革命。在数字时代，数字技术的普及和不断的创新进步将引发数字革命，为数字经济的持续发展提供不竭的动力。

近年来，移动互联网、云计算、物联网、区块链等前沿技术不断突破创新，推动现有产业生态不断完善，并催生出许多新的商业模式和新的产业形态。无人驾驶、3D打印等数字技术正与智能制造、量子计算等新兴技术融合创新，实现整体的演进和突破。这些技术的不断发展和完善将加强未来数字经济的发展动力，推动数字经济持续创新，不断拓宽人类的认知边界和增长空间。

4. 数字素养成为数字经济时代对劳动者和消费者的新要求

在传统经济时代，对劳动者文化素养的要求主要限于特定职业或岗位，且对大多数消费者并无明确要求；而数字经济时代的数字素养成为所有劳动者和消费者都应具备的重要能力。在未来的劳动市场上，高度的数字素养将成为突出个体数字技能和专业技能的关键。劳动者若缺乏必要的数字素养，将难以胜任未来的工作，更不用说在工作岗位上取得突出表现。同样，对于消费者来说，具有基本的数字素养是在市场中识别和购买满意产品的前提，也是充分、便捷地享受数字化产品和服务的关键。联合国已将数字素养视为与听、说、读、写同等重要的基本能力，并将其确立为数字时代的基本人权。所以，无论是在生产领域还是在消费领域，数字素养都将与文化素质、专业技能一样，成为未来人们必备的基本素养，也将成为数字经济发展的关键和重要基础。

5. 数字经济平台生态成为数字经济下的主流商业模式

（1）平台生态化成为数字经济下产业组织的显著特征。作为数字经济2.0的基石，数字平台依托于"云＋网＋端"等基础设施，整合了数据等关键生产要素，催生出一种全新的商业生态环境。这种变革不仅改变了个体企业的运营模式和实现规模经济的条件，也打破了传统商业模式中产品从生产者到消费者的分销链条，极大地降低了交易成本。通过数字技术的支持，各种类型、各个领域的中小企业都能够借助广阔的数字经济2.0平台，摆脱规模的限制，不再受到时间和地域的约束，实现全球范围内的合作，直接为消费者提供服务，从而获取更多的利润，使全球消费者的福祉水平得到提升。

（2）数字平台组织有助于资源的优化配置，促进价值创造与汇聚。一方面，越来越多的传统企业开始采用数字平台的运营模式。以三一重工为例，其开发的树根互联工业互联网平台可以实时收集连接到平台全球设备的运行参数，为客户提供精准的大数据分析、预测、运营支持和售后服务，甚至帮助客户创新商业模式。另一方面，从20世纪90年代至今，各个垂直细分领域都涌现出大量的数字平台，这些平台的出现加深了资源优化配置的程度，其市值的增速也远远超过了传统企业。

（3）数字平台推动价值创造主体实现多方互利共赢。工业经济时代的企业通常通过上游原材料的采购、中游的生产加工以及下游的销售和售后服务来实现价值的线性创造。在这个模式中，竞争对手的减少往往意味着利润的增加，并且在传统经济模式下，买卖双方主要在大型超市等实体平台上进行点对点的交易。而在数字经济时代，无论是新兴的平台企业还是正在转型的传统企业，都依托互联网平台，通过整合彼此依赖的产品和服务提供者，并以"去中心化"为原则的自动匹配算法作为技术支撑，实现较大规模的点对点连接，进而促成低成本、高效率的交易。本质上，数字经济时代的价值创造主体通过广泛采用开放平台的策略，有效地整合了上游的供应商、中游的竞争者以及下游的客户群体，从传统的竞争关系转向建立互利共赢的生态系统，增强了平台整体以及各价值创造主体的吸引力和竞争力，使其能共同应对外部环境的冲击。国内的数字企业也纷纷采取了开放平台的战略，随着越来越多的企业和消费者入驻，平台的价值不断增加，整个平台的竞争力也随之提升。

6. 数字产业的基础性、先导性作用突出

从历史的长河来看，每当产业革命的潮流涌动时，总有一些行业能够敏锐地捕捉到时代的脉搏，不仅让自身迅猛发展，更带动了其他产业的创新与繁荣，就如同在蒸汽技术、电气技术与信息技术的革命中，交通运输产业、电力电气产业、信息产业逐一成为推动时代前进的基石。同理，在当前的数字经济革命中，囊括了大数据、云计算、物联网、人工智能、3D打印等前沿技术的数字产业，自然而然成了这场变革的领军力量。数字产业以其技术密集的特性，持续加快创新的步伐。在这个过程中，其强劲的引领效应和不断涌现的创新成果，也成了该产业提升竞争力的坚实基础。数字产业如今已然成为全球研发领域的重要一环，吸引着无数的人才和资本加入。经过初期的高速扩张，全球的数字产业已经进入一个稳定发展的新阶段，它既在技术领域不断突破，也已成为支撑世界各国经济发展的重要战略力量。

7. 多方融合成为推动数字经济发展的主引擎

（1）数字产业与传统产业融合。随着技术的快速发展，人类经济社会逐渐从传统农业经济、工业经济阶段过渡到数字经济阶段，人类经济的活动空间逐渐从物理空间转移到虚拟网络上，而随着传统行业数字化进程的加快，人类经济活动又从线上、网络上不断向线下、实体空间扩展。具体来看，这种转变主要体现在两个方面：首先，数字平台不断向线下领域拓展，通过收购传统的制造、批发、零售等行业企业，创造出新娱乐、新零售、新制造、新金融等新产业和新模式，极大地拓宽了人类的经济社会活动空间，丰富了人们的物质和精神生活；其次，传统的实体行业企业，如制造业、物流业等，正不断加快数字化融合的步伐，将数字技术融入企业的战略管理、研发设计、生产制造、物流运输、售后服务等环节，催生了智能制造、智慧物流等新兴业态。特别是在国内，传统企业的数字化、网络化、自动化、智能化转型正在加速进行，这不仅提升了传统企业的生产效率，也深刻改变了消费者的行为和活动方式。

在数字产业与传统产业不断融合的过程中，整个经济的发展空间也得到了提升。一方面，数字经济正从消费领域加速向生产、服务领域渗透，从线上空间向线下传统产业扩展。O2O（online to offline，线上到线下）、分享经济、众包、众筹等新模式和新业态层出不穷，有效提升了资源利用的效率，也极大地丰富了人类的生活体验。另一方面，数字技术对传统产业的改造，有效提升了生产效率，也带来了产出的增长，已经成为数字经济不可或缺的一部分，是推动数字经济发展的主引擎。

（2）人类社会、网络世界和物理世界日益融合。昔日的网络世界已经从人类物理世界的映射转为一个独立的生存空间与主战场，而数字技术与物理世界的融合，使得物理世界的发展速度逐渐接近网络世界，甚至开始呈现出指数级增长的趋势。这是因为物联网技术和数字平台使人类社会步入一个人与人、人与物、物与物全面互联的新时代。基于这一背景，伴随着无人驾驶、虚拟现实、增强现实等新技术的崛起，人们进一步迎来了强调机器、人类，甚至不同机器之间有机协作与良好沟通的"人机物"融合的信息物理生物系统。这一系统拓展了人类的经济活动空间，也实现了网络世界与物理世界的无缝对接和互动，使人类逐渐步入一个网络世界、物理世界、社会三者相互联系、相互融合的新纪元。

8.多元协同数据治理成为数字经济的核心治理方式

数字经济2.0是一个去中心化的复杂生态系统，平台、企业、消费者等多元的参与主体共同构建这个生态系统。新老问题不断涌现于线上线下、物理世界与虚拟世界、跨行业与跨地域的交汇处，这推动社会治理模式从传统的集中式、单向式、政府主导的封闭监管逐渐向开放协同、多元参与、侧重协调的数据治理模式转变。

第一，数字平台作为数字经济的基本组织形式，既拥有治理的优势，也承担着治理的责任和义务。因此，要在数字经济的治理中发挥平台的中枢作用，并将其纳入治理体系，通过规范平台的治理规则，合理划定政府、平台、第三方的责任边界，赋予其适当的治理职责，从而更好地解决平台上的各类经济问题。

第二，在数字经济时代，各类参与数字经济活动的主体都应积极参与到平台的治理中，特别是要激发那些依托平台运营的企业和消费者的治理积极性和主动性。只有将其纳入数字治理体系中，才能形成全面覆盖数字平台的全民治理体系，进而有效解决数字经济发展过程中出现的复杂、分散的治理问题。例如，淘宝的大众评审模式便是一种典型的平台治理模式。

第三，面对数字经济背景下各经济主体复杂的消费与投资等经济行为数据，传统的商业监管模式已经难以胜任，对此，要利用大数据、云计算、人工智能等先进的数字技术，将治理手段精准化、适时化、智能化，从而更好地应对数字经济发展中出现的问题。

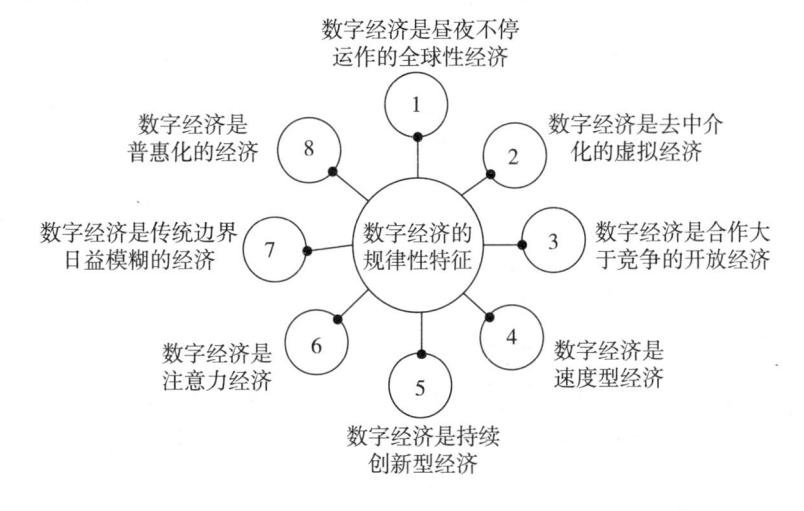

（二）数字经济的规律性特征

数字经济的规律性特征体现在以下八个方面，具体内容如图1-2所示。

图 1-2　数字经济的规律性特征

1.数字经济是昼夜不停运作的全球性经济

在数字网络全天候不间断的运转中，信息和数字技术如大数据和云计算等提高了经济活动的连续性，使其几乎不受时间的限制。全球数据的流动将地理距离的重要性降到最低，使世界变成一个紧密联系的"地球村"；将经济活动的空间限制最小化，加速了经济全球化的进程，各国经济的相互依存性也达到前所未有的高度。尽管商品、服务和资本的流动有所放缓，但数据的流动却在不断加速，因此，数字经济逐渐成为推动经济全球化的主要力量。

2. 数字经济是去中介化的虚拟经济

数字经济在组织结构上呈现扁平化趋势，消费者和生产者之间的沟通变得更为直接和便捷，对分销、批发和零售等传统中间环节的需求大幅减少。另外，虚拟经济是数字经济的另一重要特征，它是指在数字技术所构建的虚拟空间中进行的经济活动，与现实经济相对应。这里的虚拟性是指转移到线上网络空间的经济活动带有的虚拟性。

3. 数字经济是合作大于竞争的开放经济

在工业经济时代，传统的价值创造过程包括上游采购原材料，中游进行生产加工，然后将最终产品销售到下游并提供相应的售后服务，形成了一条线性的价值增值链。在这种模式中，每个价值链环节上的竞争对手越少，企业获得的利润就越丰厚，因此它们的目标便是消灭竞争对手。然而，随着数字经济的崛起，无论是新兴的平台企业，还是正在转型的传统企业，以及依托这些平台生存的中小微企业，都成了相互依赖的产品和服务供应者。平台企业更多地采用开放策略，致力于构建互利共赢的生态系统，增强了平台的吸引力和竞争力。虽然依托平台的企业之间存在适度的竞争，但更多的是存在合作关系，合作的意义远远大于竞争。如今，企业持续的竞争优势已经不再依赖于自然资源或可供利用的资金，而是更多地依赖于通过相互合作共享的、充满信息和知识的数据。只有在协作的过程中，企业的活力和应变能力才能不断得到提升。

4. 数字经济是速度型经济

数字经济已经转变成速度型经济，这种变化更多是由数字经济的规模报酬递增或外部性导致的，那些能够以最快的速度实现规模经济的企业将变得越来越强大。在数字技术的支持下，信息的传输速度和产品的升级换代速度都在加快，创新的周期在不断缩短，竞争越来越像是一场与时间的较量。无论是生产制造型企业还是服务型企业，谁能最快地收集、处理和应用海量的数据，将复杂的数据转化为可供企业决策的知识和信息，谁就能更好地满足消费者多样化的需求。可以认为，数字经济是在注重质量的同时注重速度的经济。

5. 数字经济是持续创新型经济

数字经济起源于移动互联网、大数据、云计算等数字技术，基于这些技术的数字经济是一种技术和研发密集型的经济，对教育培训和研究开发有着极高的要求，否则它将不能被称为新经济。与此同时，数字经济的范畴超越了数字技术本身。所以除了技术创新，还需要有组织创新、制度创新、管理创新和观念创新的配合。数字经济是一种需要不断创新的经济，这也是保持其"新经济"特质的关键所在。

6. 数字经济是注意力经济

数字经济下，每个人都置身于巨量信息的包围之中，只有独树一帜才能获得注意力，博得更多的关注，迅速聚集到大批用户或粉丝，并在激烈的竞争中胜出。①由此衍生出许多新型商业模式。例如，先通过聊天应用聚集大批用户，再在此基础上推出移动支付、电子商务、理财等多样化的商业服务；或者通过分享个人的生活方式，展示法律、交通、医学、体育等专业知识，吸引大量粉丝并获得打赏，进而将个人转化为品牌，再通过广告展示、商品营销，或者直接将社交流量出售给广告商来实现变现；又或者是通过竞价排名模式，即根据付费多少来决定搜索结果中商品、服务、企业等内容的排名，排名越靠前，获得消费者关注的概率就越大，就会获得更大的商业价值。这些创新的商业模式无一例外地通过吸引眼球、争夺注意力来实现变现。

在数字经济的环境下，各大数字平台都利用数据挖掘技术捕捉并记录用户在互联网上的行为数据，以此分析用户的行为特征和需求。一旦用户在网络上搜索或关注过某一领域的内容，相关平台便会记录下这一行为，并据此向用户推送与之相关的、本地化的、个性化的服务，从而实现内容传输与受众关注度的精准匹配。在碎片化且信息过载的数字经济环境中，这种方式能够有效地对大量的信息进行过滤和筛选，满足市场对个性化信息的广泛需求，最终赢得市场份额并创造更多的价值。

7. 数字经济是传统边界日益模糊的经济

在过去的农业经济和工业经济时期，生产者与消费者之间的界限明显，企业组织通过严密的沟通结构，划分清晰的企业边界和社会区隔，这样能够全面地掌握消费者的需求信息，进而有效降低企业的交易成本。在这个阶段，不同行业之间也因为存在明确的行业边界，以及技术和市场壁垒，而难以实现跨界

---

① 申雅琛. 数字经济理论与实践[M]. 长春：吉林人民出版社，2022：14.

合作。随着数字技术的飞速发展，个体、企业、社会，甚至国家之间的传统边界都变得越来越模糊，产销一体化和无边界组织的现象日益凸显。

从供给侧来看，数字技术的引入不仅缩短了生产者与消费者之间的距离，还促使企业内部的组织结构发生变革。一方面，企业内部的供应链环节逐渐减少，原本层次分明的组织结构也逐渐向消费者倾斜，展现出扁平化的特点；另一方面，随着数字平台的崛起，不同领域、不同行业之间的界限逐渐模糊，企业可以依靠数字技术打破行业边界，通过更多的跨部门和跨行业协作，实现不同商业模式的融合，进而达到更大的创新。目前，众多行业的企业都在通过数字化转型，利用大数据技术深入挖掘用户的多样化、个性化需求，为用户提供量身定做的新产品。例如，在航空航天和汽车制造领域，企业可以借助3D打印技术，根据消费者的个性化需求设计并打印新产品，这样能够更好地满足用户的需求。这一系列的变革表明，数字经济不仅是一种新的经济形态，更是一种全新的生产和消费模式，它将深刻影响企业的组织结构、商业模式以及与消费者的互动方式。

在需求层面，对消费者需求的分析已成为新产品开发的主要出发点，消费者的创新思维也逐渐融入企业产品的设计阶段。随着消费者行为数据的日益透明化，研发与设计环节可以整合更多消费者的创意，消费者还可以在精准广告投放与大数据营销的引导下，亲身参与到产品的生产过程中。倘若消费者在生产环节中发现问题，便可以通过网络或数字平台将意见或建议反馈至生产方，让其及时处理。

此外，消费者参与生产的新模式涌现，促使原本大批量、大规模、模块化、标准化、同质性的产品转为小批量、分散化、多品种、个性化、异质性的产品，企业甚至可以根据订单进行精准生产，用户也可全程参与其中。这样，消费者的需求、企业的生产以及企业上下游供应链等多种相关数据便能在数字网络中自由流动、高效传输与运用，彻底改变了传统的价值创造体系与创造过程。需求导向生产、产销一体化的生产模式也得以成为现实，进而创造出卓越的价值。可见，在网络化、数字化、自动化的生产组织过程中，数字产业链的不断扩张将商品研发设计过程、生产加工过程、服务提供过程与消费者紧密相连，还将广告精准投放、顾客建议、原料采购、智能制造、大数据营销、智慧物流配送、售后问题预测与服务、消费体验反馈等一系列环节纳入其中，构建出全面的产业链。如此一来，商品和服务的全过程得以重塑，资源配置的效率也得到了极大的提升。

在社会治理和公共服务供应方面，地方政府可利用数字技术，依托电子政务、数字政府、"一站式政府"等渠道，广泛搜集民意，及时掌握和分析相关的经济和社会数据。基于这些信息，政府能够作出科学决策，精准施政，有效提升问题解决的效率，提高公共服务的质量。公众也能够更便捷地通过社交网络和政府的公共数字平台参与到社会治理中。在这种情况下，各种政府决策和民意数据将汇聚于数字平台，相互融合，发生交锋，这将引导政府在管理和提供公共服务的理念和方式上发生根本转变。政府需通过数字平台，以更加开放的姿态调研民意，征求建议；以更加透明的方式进行决策；以更加有效的手段，为全体民众提供优质的服务。由此一来，政府便能够有效引导网络民众，凝聚民心，增强政府的公信力。

8. 数字经济是普惠化的经济

在数字经济领域，每个人都处于平等的地位，每个人都能够自由地传递信息、进行交流和沟通、发表自己的意见，以及自由地进行商务活动。其体现了数字经济"人人可参与，共建共享"的普惠性质。

在普惠科技领域中，以宽带、大数据、云计算等按需服务为代表，使得个人和企业能够以极低的成本获取所需的搜索、计算、存储等功能。在普惠金融方面，可以利用大数据技术，为不同规模的企业及个体提供精准的风险评估，让更多的人能够更快地享受到符合其风险承受能力的金融信贷服务。在普惠贸易领域，数字经济使得国际贸易的信息更加丰富，贸易流程变得更加透明，无论是什么规模的企业，都能参与到跨境电商活动中，全球的消费者也能够方便、快捷地购买到来自世界各地的商品，真正实现全球买、全球卖的便利。在共享经济领域，随着数据的自由流动和信息传送速度的提升，经济社会各个层面实现了高度的自由联通，这将导致大量的资源重新组合，并合理流动，从而使得交易成本和资源配置的优化成本降至最低，社会民众只需付出很小的代价，便能够聚合大量的社会资源，并创造出更大的价值，实现资源利用效率的最大化。此外，利用数字平台能够实现资源在全球范围内的组合与重新优化配置，为全球合理规划了大量的闲置资源，提升了全球资源配置的效率，也让全球的消费者能够享受到更为优质的服务，服务提供者则能够获得更多的额外收益。无论是供给端、需求端，还是整个社会，都将从中获益，全球的福利水平也将得到提升。

二、数字经济的体系架构

（一）主要因素

要促进数字经济健康发展：首先，需要在发挥数据等关键要素的作用基础上，推动数字技术和数字产业迅速崛起，实现数字技术与传统产业的深度融合、互相渗透、相互改造与创新；其次，建立起一个有效的市场与政府共同保障的框架，以支持数字经济新模式、新业态、新产品的发展，提升生产效率，推动整个经济社会转型升级。

数字经济体系的主要因素包括生产要素组合、数字技术与数字产业以及制度环境。具体内容如下：

第一，生产要素组合。无论是农业经济、工业经济还是数字经济，推动其发展的都是某种或某几种重要的生产要素组合。在农业经济中，土地和劳动力是主要的生产要素组合；在工业经济中，资本和劳动力是主要的生产要素组合；在数字经济中，数据、数字技术以及数字基础设施是主要的生产要素组合。随着数据价值日益凸显，数字技术持续创新，以及数字基础设施不断完善，数字经济也不断迈向更高的发展水平。

第二，数字技术与数字产业。科技是推动社会发展的首要生产力，从历次产业革命中，人们可以看到技术在推动社会持续进步和繁荣。如今，大数据、云计算、物联网、人工智能等数字技术及相关产业的发展正在推动数字经济升级。在数字经济环境下，存在更为明显的外部性和正反馈效应，只有那些能够解决消费者痛点、满足市场需求的先进数字技术和数字产业，才能赢得企业和消费者的青睐。随着人们收入水平的提升和消费需求的多样化，数字技术及其相关产业也需要不断演变、升级和创新，以更好地适应市场需求，否则会面临被淘汰的风险。所以，数字技术与数字产业比较重要。随着数字技术与传统产业的融合、互相渗透、互相改造和创新的深入，数字经济也将不断演变成更高级的形态。

第三，制度环境。数字经济属于知识与技术密集型经济，更有效的市场和更有为的政府能为数字经济的发展提供良好的制度保障。[①] 这是因为，一个公平、有序且高效的市场机制能够在数字技术的更新换代和创新发展过程中发挥关键作用，它能够激发竞争、打破垄断，降低交易成本，促使合作共赢，充分展现数字经济的普惠性和包容性特征。而数字经济的蓬勃发展也离不开政府的科学调节与引导，政府既不能越位，也不能缺位。

从全球数字经济的发展历程来看，那些制定了前瞻性政策和战略指导框架，为数字经济的发展提供了税收优惠、资金扶持和产业发展指导等支持的国家，无疑能够更好地激发人们对数字技术研发的热情，推动数字技术对传统产业改造升级，实现更快的发展。

（二）层级

根据中国数字经济的发展现状，将数字经济体系分为四个层级：首先是支撑层，包括数字技术和基础设施；其次是数据层，这是数字经济发展的关键；再次是商业层，这是建立在前两层基础上的；最后是治理层，负责为整个体系制定治理规则和制度安排。

1. 支撑层：数字基础设施和数字技术

这一层以数据中心、云计算中心、移动智能终端等为代表，包括大数据、云计算、物联网、人工智能、区块链、3D打印等数字技术。这些技术的融合应用为数据的获取、商业活动的开展和数字经济的治理提供了基础支撑。

2. 数据层：关键的生产要素

数据是数字经济的核心生产资料和关键生产要素。通过数字基础设施和数字技术，数据从各种智能终端被收集、传输到云端的大数据平台，经过存储、整理、筛选、加工、分析和共享，通过数据挖掘、深度学习等算法，转化为知识和智慧，为行业的生产实践提供指导，并实现其在不同业务场景的应用价值。在数字经济时代，数据就像石油和煤炭一样，是一种可再生、可多次被多人使用的新型能源，是虚拟空间中物理世界的客观映射。随着物联网等数字技术的不断发展，未来人与人、人与物、物与物之间将形成一个互联的大网络，海量的数据将被记录、存储、整理、加工和分析，进而产生更大的价值。

[①] 申雅琛. 数字经济理论与实践[M]. 长春：吉林人民出版社，2022：17.

3. 商业层：商业活动

商业层是根据支撑层和数据层发展起来的不同商业活动的集合，它涵盖了数字产业的发展，以及数字技术对传统产业的渗透、融合、改造和创新。同时，商业层也包括数字经济时代催生的新模式、新业态、新产品，以及这些事物对相关产业、组织结构和就业方式产生的影响。

4. 治理层：数字经济治理

在数字经济的发展过程中，新问题不断涌现，而传统工业经济下的治理体系无力应对这些新的问题。在数字经济时代，海量的中小微企业之间希望建立协同合作、互利共赢的关系，即便是巨型平台之间，也需要一定的合作关系，这与传统工业经济下企业间的竞争关系存在本质的差异。传统经济治理结构中的利益格局将被调整，原有的集中统一监管方式也将被更新的协同监管所取代，而传统工业经济下的治理领域也将向新的、更重要的治理领域转变。由此可见，数字经济的治理在治理原则、治理领域和治理方式上都将与传统工业经济存在差异，会产生适应数字经济普惠、共享、协同等特性的普惠治理规则，促进共享的治理原则以及基于数据的协同治理方式。

第四节　数字经济的发展

一、国际、国内数字经济的发展

（一）世界各国积极搭乘数字经济发展快车

联合国贸易和发展会议（UNCTAD）在《2017年世界投资报告：投资和数字经济》中强调，数字经济是推动全球投资增长和发展的关键力量，它不仅能够提升各行各业的竞争力，还为商业和创业活动打开了新的大门，助力企业进入海外市场，融入全球电子价值链。此外，数字经济还为解决可持续发展的诸多问题提供了新的解决方案和工具。麦肯锡全球研究院（MCI）发布的《中国的数字经济：全球领先力量》报告也指出，中国是世界上几个较活跃的数字投资和创业生态系统之一，其数字化程度已经超过了许多观察人士的预期。如今，数字经济正在逐渐成为全球经济发展的新引擎。

（二）我国相继出台相关政策

2023年2月，中共中央、国务院发布《数字中国建设整体布局规划》，引起讨论热潮。数字中国建设的目标是以信息化、智能化、网络化等手段，推动各行业的数字化转型，其中，构建数字经济体系和数字社会体系是政策措施的重点内容。随着数字化转型进程的加速推进，数字经济逐渐成为我国经济社会发展的重要支柱产业。截至2023年3月底，我国中央及各地政府已相继发布多部数字经济相关政策，"数字政府""促进中小企业数字化转型""数字乡村""数据安全"等关键词成为政策重点。

二、数字经济发展的必要性

随着全球信息化进入全面渗透、跨界融合、加速创新和引导发展的新阶段，中国也利用这个趋势，深入推进数字经济的发展，使其逐渐成为整体经济创新发展的重要推动力，并为全球经济的复苏和优化发展提供可借鉴的经验和启示。数字经济是在计算机、互联网和通信技术等新一轮信息革命的基础上发展起来的，因此也被称为"信息经济"。对于正处在经济转型升级关键时期的中国经济而言，发展数字经济无疑具有特殊意义，有助于推动中国经济在新常态下的发展和创新战略的实施。

（一）新常态下的经济需要新的引擎

经过多年的高速增长，中国经济逐渐进入了增速放缓、结构升级、动力转换的新常态阶段，整体的发展环境、条件和需求都发生了深刻的变化。因此，如何正确理解、适应和引领这一新常态，打造经济发展的新动能，成为中国实现经济跨越式发展的核心议题。尤其是在新常态下，要降低各种经济风险，就必须转变发展的引擎。

（二）信息革命推动社会生产和生活方式的变革

当前，信息革命为中国打造新的经济动能、跨越过去困扰各国经济发展的困境提供了历史性的机会。从人类社会的发展历史来看，每一次产业革命都实现了社会生产力的提升。农业革命使人类从采集和狩猎转向种植和畜牧，增强了人类的生存能力，带领人类进入文明时代；工业革命将家庭作坊式的手工生产转为规模化的机器生产，极大地提升了社会的生产能力，改变了物资匮乏的状况。而以计算机、互联网等先进技术为代表的信息革命推动了社会生产和生活方式的数字化、网络化、信息化和智能化。数字经济的各种形态，如数字工具、数字生产、数字产品等快速崛起，为中国经济在新常态下的发展提供了新的动能。

三、数字经济未来的发展趋势

数字经济与共享经济的融合，推动了共享时代的发展。同时，共享时代对数字经济发展提出了新的要求，使之有别于传统的发展模式，呈现出以下七种新的发展趋势，具体内容如图 1-3 所示。

① 数字经济内涵外延将持续快速扩展
② 需求增长将鼓足数字经济发展动力
③ 政策创新将优化数字经济发展环境
④ 数字经济发展将加速完善保障支撑
⑤ 数字红利共享机制建设将加速推进
⑥ 数字经济与资本的关系将更加密切
⑦ 数字经济将成为推动全球化的新平台

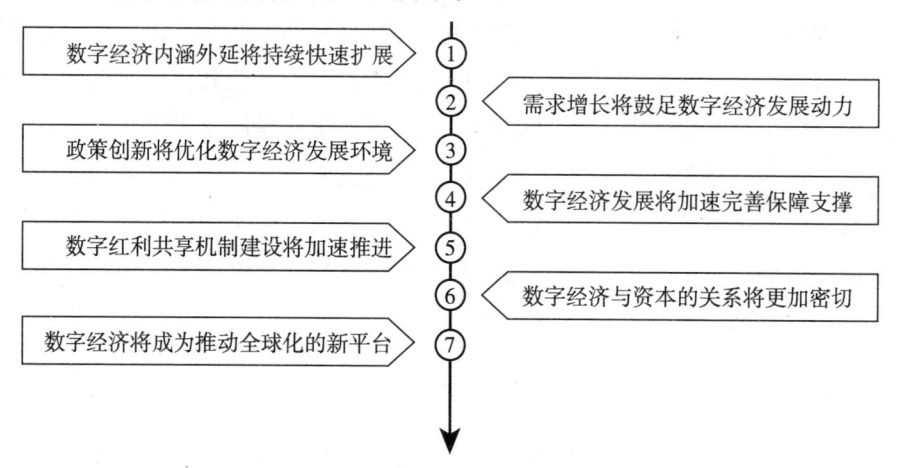

图 1-3　数字经济未来的发展趋势

（一）数字经济内涵外延将持续快速扩展

随着全球范围内对数字资源重要性的认识日益加深以及数字技术的不断突破，数字经济正以前所未有的速度扩大其影响力。云计算、物联网、大数据、人工智能和虚拟现实等技术层出不穷，推动经济模式向更加灵活、互联的方向发展，平台经济和共享经济这样的新兴商业模式正逐渐成为主流，这标志着现代"新数字经济"的形成和日渐成熟。技术的革新与人们对数字经济理解的深入，共同推动这一领域的商业模式不断演进，预示着未来数字经济的内涵将经历更多次的创新和扩展。在此进程中，既有经济活动被重新定义，也有新的价值创造方式诞生，进一步推动全球经济向更加数字化、网络化的方向转型。

（二）需求增长将鼓足数字经济发展动力

消费者对数字产品和服务的需求不断增长，这为数字经济提供了强有力的发展动力。随着科技的不断进步和生活方式的改变，消费者对数字产品和服务的需求愈加迫切，这一趋势在消费领域尤为明显，消费者逐渐转向数字化消费，如在线购物、数字娱乐、移动支付等。这既丰富了消费者的选择，也提高了消费效率，促进了数字经济的增长。此外，随着消费结构的升级，数字化消费已成为一个亮点，既满足了消费者的基本需求，也引领了新的消费趋势。而在产业领域，大数据已经与传统生产要素如土地、劳动力并行，成为推动产业升级的关键因素。大数据的应用使企业能够更好地了解市场和消费者需求，更灵活地调整生产和供应链，特别是智能制造的兴起，正在引发制造业的新变革。数字化、网络化和智能化技术已渗透到产品的全生命周期（从设计、生产到销售和售后服务），这一趋势将催生出更有前景的行业，为数字经济提供巨大的发展机遇。

（三）政策创新将优化数字经济发展环境

全球金融危机后，各国纷纷将数字经济视为经济结构转型和可持续发展的关键因素，并积极发布相关政策。中国作为全球数字经济的重要参与者之一，近年来也发布了多项规划和指导性意见，旨在推进数字经济发展，这种政策支持反映了政府对数字经济的高度重视，为数字经济发展提供了强有力的政策支持。

一方面，政策创新在促进数字经济发展方面发挥了重要作用。政府发布了一系列政策文件，包括数字经济发展规划和产业政策，以引导和鼓励企业在数字经济领域进行创新和投资。这些政策提供了财政投入、税收优惠等方面的支持，降低了数字经济企业的经营成本，激发了其创新活力。此外，政府还鼓励传统行业使用数字技术，推动其向数字化转型。例如，在制造业中推动智能制造，提高生产效率和产品质量，此类政策创新为数字经济的蓬勃发展提供了良好的政策环境。

另一方面，政府对政策重视程度的提升将促进相关产业政策的不断创新，政府将数字经济视为国家发展的重要引擎，持续关注数字技术的发展趋势和市场需求，根据变化的情况不断调整政策，使政策更好地适应数字经济的快速变化和发展。同时，政府要鼓励产业界和学术界积极参与政策制定过程，形成合力，共同推动数字经济的创新和发展。

（四）数字经济发展将加速完善保障支撑

为了确保数字经济持续繁荣发展，要优化相关的配套保障措施。在基础设施方面，宽带网络的升级和互联网覆盖范围的扩大是数字经济发展的基础，此举措能够提供更快速、稳定的网络连接，还能够支持更多种类的数字应用和服务。新型基础设施的发展也是关键，如云计算、边缘计算、物联网等技术的不断演进将为数字经济提供更大的发展空间。这些基础设施的升级和发展将进一步促进数字经济的发展，为企业和创新者提供更好的发展环境。在创新保障方面，信息技术的革新将持续加快，这将促进数字技术与其他行业的融合创新，推动数字经济的跨界合作和创新发展。而公共创新服务平台的构建和创业孵化环境的优化也在计划之中，将鼓励更多的企业和创新者积极投入数字经济领域，提高创新效率，推动数字经济不断壮大。创新保障的完善将为数字经济的可持续发展奠定坚实的基础。在安全保障方面，关键信息基础设施的安全保护体系建设将逐步完善。随着数字经济的发展，数据的安全性和隐私保护愈发重要，政府将着力提升网络空间的安全防御能力，强化对数据资源和用户信息的安全保护，以提高防范网络攻击水平，降低数据泄露风险，维护数字经济的稳定。数字经济的安全保障可为企业和消费者提供信心，促进数字经济健康发展。

（五）数字红利共享机制建设将加速推进

要实现数字经济的共享发展，需要建立一系列共享机制来确保数字经济的各项成果更加广泛地惠及社会的各个层面。

第一，建设数字就业促进机制。随着数字经济的快速发展，新兴行业和领域涌现出大量就业机会，但需要不断提升员工的数字技能，政府和企业可以共同推动培训和职业发展计划，以确保更多人能够参与到数字经济中，分享就业机会和经济红利。

第二，建设数字技能提升机制。数字化时代要求人们具备数字技能，以适应不断变化的工作环境。对此，政府可以制订数字技能培训计划，提供免费或低成本的数字技能培训，使更多人能够掌握必要的数字技能，从而获得更多的就业机会。

第三，建设数字政府强效机制。政府在数字化管理和公共服务方面的创新可以提高政府效率，减少行政成本，更好地满足公众需求。通过数字政府，政府能够提供更加高效的公共服务，加强政策制定和执行，为社会提供更好的治理环境，进而推动数字经济的发展和共享。

（六）数字经济与资本的关系将更加密切

数字经济与资本市场之间的联系将在未来进一步加强。一方面，资本市场将为数字经济提供强大的支持。随着数字经济的不断发展，越来越多的企业需要通过融资来支持其数字化转型和创新发展，资本市场将成为这些企业的重要融资渠道。其包括首次公开募股（IPO）、债券发行、风险投资等多种融资方式，有助于推动数字经济创新发展，为新兴技术和业务模式提供必要的资金支持。另一方面，数字经济的发展也将对资本市场产生深远影响。数字化技术的广泛应用提高了企业的生产效率、运营效率和市场竞争力，这些因素将影响企业的估值和财务表现，进而影响资本市场的表现。同时，数字经济的兴起也将改变传统产业格局，导致一些传统企业的市值下降，而数字企业可能会成为新的市值增长点，这将引发资本市场的重新配置和资本流动，影响投资者的投资策略和资产配置。

（七）数字经济将成为推动全球化的新平台

数字经济作为全球经济的一部分，具有拓宽贸易边界的潜力，而数字化技术的广泛应用使跨国贸易更加便捷，进而加速了商品和服务的国际流通。电子商务、数字支付和在线市场等数字化工具正在推动全球贸易的增长，为中小型企业和新兴市场提供更多参与全球贸易的机会。数字经济的全球性特征使得跨国企业能够更轻松地开拓国际市场，这加速了全球产业链的形成和深化。

数字经济提高了资本的利用效率，加速了国际资本流动。数字金融技术使得国际投资和融资更加高效，降低了跨境投资的成本，为企业提供了更多融资渠道，推动了全球投资和创新。数字经济还提供了良好的创业环境，创业者可以更容易地获得国际资金支持，跨足国际市场，促使新兴产业的崛起。

最重要的是，数字经济通过数字市场的持续开放，为各国提供了一个新的合作与交流平台，促使各国更紧密地协作，共同应对全球性挑战，如环境问题、卫生危机等。数字化合作也促进了文化交流和人际联系，缩小了国与国之间的距离，加强了国际社会的共识和互信。此外，数字市场的持续开放有助于各国更快实现内外市场的融合与共赢，推动全球经济向更加包容和可持续的方向发展。

由此可见，各国应积极参与数字化合作，加强国际合作与交流，通过开放和包容的全球化进程，使全球经济更加繁荣。

第二章　数字经济相关内容

第一节　数字经济的基础产业

一、电子商务产业

(一)电子商务产业概述

电子商务指借助电子手段进行的商务活动,具体而言,指经济活动主体利用现代信息技术基于计算机网络开展的商务活动,实现网上信息搜集、接洽、签约、交易等关键商务活动环节的部分或全部电子化,包括货物交易及服务交易等。[①]电子商务主要的关联产业有制造业、运输业、仓储业、邮电业、电子信息业等。

(二)电子商务产业的基本组成

电子商务(通称"电商")在运用现代信息技术及数字技术对企业各类活动进行持续优化的实践中,涵盖了四大基本元素:商城、消费者、商品与物流。同时包含三个核心环节:买卖、合作与服务。在买卖环节中,各类在线购物平台扮演着桥梁的角色,既能为商家提供一个展示和销售商品的空间,也能让消费者在平台上找到并购买到性价比高的商品。而合作环节包括电商平台

---

① 唐晓乐,刘欢,詹璐遥.数字经济与创新管理实务研究[M].长春:吉林人民出版社,2021:56.

与商品供应商之间、电商平台与物流公司之间以及商品供应商与物流公司之间建立的合作关系，这些关系为消费者的购物行为提供了保障，也是电商运营的必要条件之一。至于服务环节，它涵盖了售前咨询、售中物流以及售后的退换货、维修等服务，旨在通过提供周到的服务来吸引消费者再次交易。其包括以下四个要素：①交易平台，其是指提供电子商务服务的信息网络系统，负责撮合交易双方的交易和提供其他相关的服务。②平台经营者，其是指从事第三方交易平台运营的个人、企业或其他组织，它们为交易双方提供服务。③站内经营者，其是指在电子商务交易平台上为保障交易顺利进行而提供相关服务的个人、企业或其他组织。④支付系统，由为买卖双方提供资金支付、清算服务的机构和传送支付指令、进行资金清算的技术手段、工具组成，旨在实现资金的转移和债权债务的清偿，也被称为"清算系统"。电子商务构建了一个从产品信息搜集、物流到在线支付的完整产业系统，它不仅是买卖双方的简单电子化交易，还涉及其他行业机构，如银行、物流公司等，它们通过互联网这一"虚拟园区"形成了庞大的新产业环境，并进行更有效的资源整合。电子商务是一个由密切相关的企业和机构组成的产业，它们以互联网为沟通合作的工具和竞争的平台，通过虚拟合作等形式实现了突破地理位置界限的资源共享和优势互补。

（三）电子商务产业的特征

电子商务产业具有以下三个特征。一是具有有效的沟通机制。网络工具的使用使得电子商务打破了传统的市场边界，为企业提供了一个无形的市场和无限的商机，也消除了交易参与者、交易地点以及支付方式的时间和空间限制。二是信息动态更新。在数字经济的背景下，电子商务产业的信息始终处于持续更新的状态，包括供求信息、商品资金流动以及交易双方的变更等。三是全球统一市场形成。国际互联网的发展使得地球一端的交易者可以与另一端的交易者进行实时的在线交易，资金的流动加快，可以通过电子支付在短时间内完成转账，货物的运输也得到了现代空运、海运等运输方式的支持，使得购买方能够在较短时间内收到货物。这些都体现了电子商务产业在现代社会中的独特价值与重要性。

（四）电子商务产业的发展历程

电子商务的发展依赖于计算机技术和信息技术的进步。从计算机技术和信息技术诞生起，全球各国就开始重视这些技术在商务活动中的潜在应用。随着电子计算机的普及和互联网的快速发展，以互联网为基础的电子信息基础设施逐渐成为现代信息传播的主流方式，电子商务产业也开始逐步成形。电子商务产业的发展可以分为以下四个阶段：

第一阶段起始于19世纪30年代，这一阶段以电子通信工具为基础，是电子商务的初期阶段。在这一阶段，人们开始利用电报、电话、传真等电子手段来传递信息、交接商务文件、进行谈判等。电报的发明使人类首次利用电子手段进行商务活动，拉开了电信时代的序幕。由于技术的限制，人们只能尽可能地利用现有的电子手段为商务活动带来便利。

第二阶段兴起于20世纪60年代，这一阶段以电子数据交换为基础。随着个人计算机的诞生和企业间专用网络的发展，电子商务应用系统的雏形——电子数据交换（EDI）技术和银行间的电子资金转账（EFT）技术开始被应用于企业间的信息传递，提高了商业运营的效率，降低了商业成本。但是，由于企业使用专用网络和设备的费用较高，加之缺乏相关人才，所以影响了电子商务的进一步发展。

第三阶段，即20世纪90年代在互联网基础上的电子商务时期。因特网的迅速普及和发展催生了一种全新的电子商务运营模式，该模式以交易双方为核心，以网上支付和结算为手段，以客户信息数据库为支撑。

随后进入21世纪，电子商务迎来了第四阶段，即"E概念"的新阶段。随着电子商务的深入发展，人们对其内涵有了更为深刻的认识和全面的理解。电子商务不再仅仅是简单的商务活动，而是将电子信息技术广泛应用于各种商务活动的综合体现。现代经济已经转型为商业经济，现代电子商务已经开始逐渐渗透到人类社会的各个领域，如教育、医疗、金融、军事等，拓宽了电子商务的应用范围，形成了"E概念"的电子商务。例如，电子商务与教育相结合，形成了电子教务和远程教育；与医疗相结合，发展出了电子医务等。其本质在于将电子信息技术运用到社会的各个领域，从而产生全新的领域。

现今，云计算、物联网、大数据等技术不断成熟与普及，推动了电子商务产业在"E概念"电子商务阶段的进一步发展和变革。

一方面，电子商务在物联网的影响下发生了显著的变化。首先，产品质量的监控得以强化。人们利用条形码、二维码、RFID 以及 GIS 等先进技术，能够全方位监控产品的生产、运输、储存和销售过程。在生产阶段，所用的原材料需嵌入 EPC 标签。当产品进入市场成为消费品时，EPC 标签会被保留，并记录下产品从生产到运输，再到储存和销售的信息。如此一来，消费者购物时只需通过查询 EPC 标签，就能掌握商品的所有信息，实现对产品质量的严格监控。其次，供应管理也得以改善。物联网主要作用于供应链的制造环节、储存环节、运输环节以及销售环节，有助于提升企业及整个供应链对市场的反应能力，加快市场反应速度。最后，物流服务质量也得到提升。其基本原理与前两点相同，通过物联网的感知、识别和互联技术，实现对物流信息的查询和实时追踪监控。物联网对物流的主要影响包括实现自动化管理，如获取实时数据、自动分拣等，提升作业效率；改善仓储状况，降低仓储成本；优化整合供应链各个环节，提高服务质量；促进物流的信息化等。

另一方面，电子商务受到大数据技术的深刻影响，呈现出新的发展趋势。一是渠道优化成为可能。大数据的核心在于从海量的信息中提炼出有价值的数据。通过大数据分析，电商企业能够准确识别目标客户群体，优化营销渠道资源的分配，从而更好地开拓市场。二是精准营销信息的推送成为常态。电商企业可依托大数据技术，深入挖掘并分析目标客户的年龄、性别、兴趣等信息，进而将符合其需求的营销信息精准推送，以提高营销的针对性和有效性。三是线上线下营销紧密结合。电商企业可以利用互联网，将客户所需的信息在线上实时传递，如果客户对线上的信息存有疑虑，企业就可以通过线下的实体店与客户进行面对面的沟通和交易，以消除客户的疑虑。

值得注意的是，电子商务已经整合了商务活动中的人流、物流、资金流和信息流，实现了这四大"流"的有机结合，使电子商务产业更具市场的全球化、交易的连续化、成本的低廉化和资源的集约化等优势。

二、信息技术产业

（一）信息技术产业概述

信息技术产业运用信息技术工具对信息资源进行搜集、整理、存储和传递，并提供相应的信息手段、技术服务以及相关的设备。这一产业包括三个主要行业。第一，信息设备制造行业。该行业主要涉及电子计算机的研究与生产，包括硬件制造和软件开发等方面，其涉及的企业类型有计算机设备制造公司和软件开发公司等。第二，信息处理与服务行业。这一行业主要运用现代的电子计算机设备和信息技术，收集、整理、加工、存储和传递信息资源，为各个产业部门提供必要的信息服务。这一行业涉及的企业类型有信息咨询公司等。第三，信息传递中介行业。该行业利用现代化的信息传递中介，将信息准确、完整、及时地传递至目的地。这一行业涉及的企业类型有印刷公司、广告公司等。

这三个行业共同构成了信息技术产业的主要框架，共同推动着信息技术产业发展和壮大。随着信息技术的不断进步，信息技术产业将在未来的社会经济发展中扮演更为重要的角色。

（二）信息技术产业的特征

信息技术产业是一个综合性强的产业，其广泛的应用范围、高效的信息传播以及高度的渗透性和关联性，使得信息技术产业在众多产业中占有一席之地。现代信息技术深入渗透到社会经济活动的每一个环节，从设计领域的CAD应用、产品样品的快速成型，到产品生产过程的自动化控制、产品仓储的智能化管理，再到产品营销的数字化（电子商务），这些环节的市场价值和产出都蕴含着信息技术和信息劳动的价值。随着时代的发展，现代信息技术被运用到多个产业领域，实现了产值的"增值"。信息技术产业以现代科学理论和先进的科技为基石，依靠计算机、互联网和通信等技术，成为一个富有科技含量的服务产业。信息技术产业的发展提升了国民经济的增长率，优化了国民经济发展的结构，对整个国家的经济发展具有重要的意义。

在信息技术产业的帮助下，相关产业活动的经济信息传递速度得到了极大的提升，使得信息的传递更为及时、可靠和全面，有效提升了各产业的劳动生产率。此外，信息技术产业也加快了科学技术的传播速度，缩短了科技从发明到应用于生产实践的时间。

（三）信息技术产业的发展历程

在人类初期，人们主要利用手势、眼神来传递信息，用结绳的方法来记事。随着语言的形成，人类的交流方式得以改变，文字的出现则标志着人类进入文明时代。在初始阶段，文字主要写在甲骨、竹简、绢帛上，受限于信息载体，信息传播的难度较大，覆盖范围也较为有限，因此在那个时期，信息业的规模较小，处于起步阶段。对信息业发展产生重要影响的是造纸术和印刷术的发明与运用，这两项技术的发明从根本上解决了信息大量复制和传播的问题，促使信息业诞生，也极大地推动了人类文明的进步。可以说，信息技术产业的形成和发展历经了以下四个阶段：

1. 传统信息产业时代

这一时期始于16世纪中叶，是以图书为主要信息传播载体和工具的时代，也是图书逐渐普及的时代。这个时期代表性的行业有图书出版业、造纸业、印刷业和图书发行业。图书的出版和发行活动可以追溯到我国西汉末期，传统信息产业时代主要的信息技术是造纸术和印刷术，这一阶段的特点是信息支撑部门的造纸和印刷技术相对落后，信息生产的能力和效率都较低，整体规模也较小。

2. 大众媒介传播时代

在16世纪中后期至19世纪中期的大众媒介传播时代，随着科技的飞速发展以及民主理念的普及，激增了人类对信息的需求，这一需求驱使印刷等信息技术取得显著的进步，图书出版业因此得到了迅猛的发展。报纸和期刊的问世，揭开了大众媒介传播的新篇章。在这一阶段，图书出版业的规模进一步扩大，现代造纸和印刷技术及其相关产业迅猛发展，报纸等媒体的影响力逐渐扩大。

3. 现代信息产业时代

这一时期，信息技术产业飞速发展，其在现代经济中的作用日益重要。电话、电缆、广播电台等革命性的信息技术层出不穷。每一次技术的飞跃都会引起信息技术产业内涵的变革，并使其规模不断扩大，印刷和造纸业、大众传媒业持续壮大，广播电视产业和通信产业成为信息技术产业的代表。

4. 以计算机和互联网为中心的时代

20世纪40年代，ENIAC（世界上首台电子计算机）的问世标志着信息技术产业进入新纪元。计算机技术与通信技术的融合以及互联网的普及，带领人类进入数字经济的新时代，进入数字化生活的新纪元，信息技术产业也因此被赋予了崭新的定义。数字技术改造了传统通信与广播电视产业，数字通信和移动通信也随之蓬勃发展，信息技术产业成为引领时代进步的主导力量。在众多发达国家，信息技术产业已经成为国民经济的支柱产业。

当下，全球正在经历一场前所未有的变革，这场变革涉及人类社会的方方面面，规模宏大，影响深远。在全球范围内，国与国之间的综合国力竞争主要体现在以信息技术为代表的高新技术之间的竞争，以及信息化水平和信息产业的发展上。人类社会的进步和经济的繁荣已经深受信息化的影响，这一点得到了世界各国的高度重视，它们将信息化发展视为国家战略的重要组成部分，纷纷加快推动信息化和信息产业的发展。信息化作为重要的生产力，包括信息的数字化、数字化信息的存储以及网络化传递与共享等。在数字经济的大背景下，信息化注重对数字技术的运用，数字技术的广泛应用也使整个社会和经济系统都实现了数字化，每一项经济活动的信息都可以通过"0"和"1"这两个数字来表示。

（四）信息技术产业的发展前景

到了20世纪90年代末期，信息技术产业及其相关产业的增长速度加快，信息技术产业在众多发达国家中占据重要地位，成为衡量国家竞争力的重要指标。科技的不断进步与信息技术的产业化催生了信息技术产业，促进了其快速发展。国家的基础设施、市场的发展水平、经济的开放程度、技术及管理水平等多个因素对信息技术产业的发展程度有着直接的影响，这些因素的改善有助于增强国家的国际竞争力。随着数字经济的崛起，信息技术产业在国民经济发展中扮演的角色愈发重要，其在国民经济结构中的比重也逐渐增大。信息技术产业的发展状况成为衡量一个国家经济发展水平的关键因素。

第二节　数字经济下的区块链与人工智能

一、数据成为数字经济的生产资料

劳动者在生产活动中所依赖的资源或工具统称为"生产资料",这通常涵盖土地、厂房、机器设备和原材料等要素。生产资料是生产过程中劳动工具和劳动对象的合集,也是任何社会开展物质生产活动不可或缺的物质基础。在蒸汽技术革命时期,煤炭是主要的生产资料;到了电力技术革命时期,石油和电力成为主要的生产资料;而在互联网时代,数据演变成一种重要的生产资料。

随着时代发展,涌现出许多新技术,其都属于信息技术。信息技术既架构了人类的数字化生活方式,也渗透到了人们日常生活的方方面面,包括但不限于社交网络、电子商务和游戏等领域。人类在物理世界的一切行为活动都可以被映射到数字世界,进而实现数字化转化,最终以数据的形式被储存到数据库中。

数据作为现代社会中的一种重要生产要素,其影响力已经渗透到了各行各业,成为推动生产力发展和创造消费者盈余的重要力量。数据的价值除了体现在其作为数字经济时代的重要生产资料外,还体现在其参与价值创造过程上。与其他生产要素不同,数据呈现出非实体化、分散化、多样化、规模化和时效化等特点。离散的静态数据可能并不具备太大的价值,但通过有效的提炼和分析,便能够成为推动社会发展的重要力量,为人类创造更多的价值和财富。

在数字经济的舞台上,数据的挖掘、提炼和分析的过程才是产生价值的核心环节,而非数据本身。在这个过程中,生产资料可以被进一步细化为数据、信息和知识三个层次。数据是对客观事物的数量、属性、位置以及它们之间的关系的抽象表示。数据的形式多样,包括但不限于个人属性数据、个人行为数据、聊天记录、网页内容、电话记录、论坛评论、网络消费数据、社交关系和行程记录等,甚至包括机器的各类指标。这些数据在保存、传递和处理的过程中,需要依赖人工或机器进行操作。信息则是指那些具有时效性、经过加工处理、对决策产生影响的数据流。信息是对数据的一种提炼，是一种具有明确含义和逻辑关系的有价值的数据。以北京的天气为例，北京、天气、暴雨、闷热等词语单独来看只是数据，"今天北京下暴雨，天气非常闷热"这句话则是信息。知识是对信息的进一步挖掘和提炼，通过归纳、演绎、比较、解读等手段，信息中有价值的部分得以沉淀，并与已有的人类知识体系相结合，从而形成新的知识。举个例子，有人将"某日北京下暴雨，导致交通拥堵，下水道堵塞"这些信息结合自己的思考写成一篇名为"对北京暴雨灾害的管理反思"的文章，这篇文章就是知识，而且它具有版权。

简单地说，数字社会中的数据涵盖了数字、文字、图像等多种形式，信息是经过加工处理的有背景和价值的数据，知识则是信息接收者通过对信息的提炼和推理而获得的结论。随着人类逐渐步入数字世界，数据、信息和知识共同构成了数字经济活动的物质基础，成为驱动数字经济发展的重要元素。

二、人工智能的应用

人工智能是一种模拟人类智能行为的技术，其目标是使机器和计算机程序能够展现出人的行为特点，如知识推理能力、学习能力和决策能力，进而按照人类的方式学习并解决问题。技术的创新和变革通常会带来生产力的提升，正如互联网消除了空间的界限，使人类像具有千里眼和顺风耳一样，人工智能也有望引领一场新的生产力革命，提升生产效率。

人工智能的应用有助于提高人类工作的效率。以客服行业为例，人工智能技术可以在初期阶段完成问题的归类工作，虽然它不能完全替代呼叫中心的人力资源，但可以减少用户的等待时间，并解决大多数常见的问题。例如，微软的机器人"小冰"通过社交平台担任实习面试官的角色，进行实习生的招募和面试工作。除了"小冰"，还有一些机器人开始在人类的日常生活和工作中发挥作用，有的甚至能够取代人类完成某些工作任务和作出决策，这意味着当前的人工智能技术已经达到一定的水平。

事实上，未来的人工智能将取代大部分简单重复的脑力劳动，这不仅包括对脑力要求不高的普通岗位，如电话客服人员，还包括看似高端的岗位，如放贷员和证券交易员。在翻译领域，已有软件利用人工智能技术进行实时翻译，由此可见，一些从业者将面临人工智能带来的巨大竞争压力。例如，微软推出了一项演讲实时翻译字幕功能,即能够对演讲者幻灯片中的字幕进行实时翻译。人工智能为人类提供了智能化的工具,这些工具有助于提高生产效率,并推动人类开发出更多更优质的工具,以满足自身的数字经济活动需求。

三、区块链智能合约与人工智能的深度结合

智能合约最初被界定为一种数字化的承诺,涵盖了合约相关方需要执行的协议。设计智能合约的目的是希望通过将智能合约嵌入物理实体中,创造出多种灵活且可控的智能资产。区块链技术的诞生为智能合约的定义注入了新的元素,将其内涵进一步延伸并具体化。现阶段的智能合约通常是一种具有状态、由事件驱动并遵守特定协议标准的程序,它运行在区块链平台上,能够在满足特定触发条件的情况下,通过事件或事务的形式,依据代码规则处理和操纵区块链数据,进而控制和管理区块链网络中的数字资产。作为一种嵌入式程序化合约,智能合约可以被内置于任何区块链数据、交易、有形或无形资产中,形成可编程控制的软件定义的系统、市场和资产。

区块链智能合约本质上是代码,与其他编程语言并无太大差异。智能合约的代码能够自动处理区块链网络中不同节点之间的交易,为传统金融资产的发行、交易和管理提供自动化的工具。在数字票据的生命周期中,票据的开立、流转、贴现、转贴现、再贴现和回购等一系列业务都能够通过智能合约编程的方式来完成。除此之外,智能合约还可用于社会系统中的合同管理、监管执法等多个领域。

智能合约是一个由事务处理模块和状态机构成的系统,它的存在是为了让一组复杂的、带有触发条件的数字化承诺能够按照参与者的意愿正确执行。然而,智能合约在法律层面并不具备约束力,其功能并不智能。在需要正式签署合同的商业活动场景中,智能合约在实际操作和理论层面都无法充分发挥其名字所赋予的功能。智能合约的代码本身也缺少真正合同的基本元素,如条款、条件和争议解决机制等。智能合约要想成为具有法律约束力的工具,仍需不断探索和完善。此外,智能合约的代码是固定的,一旦形成便无法更改,因此在实际应用中缺乏灵活性。实际上,智能合约只是包含了基于不同输入而得出的一系列复杂结果,其"智能"之处仅在于能够有效实现自动化的合同履行,以及降低人为失误和潜在争议风险。

人工智能为区块链中的智能合约技术提供了新的可能性，有望实现合约的真正智能化。将人工智能与区块链智能合约相结合，可以使智能合约具有更强大的能力。其具体内容如下：

第一，将人工智能技术融入智能合约，可以使智能合约在处理特定领域的问题时具备一定的预测和分析能力。举例来说，在保险反欺诈的应用场景中，可以依靠人工智能构建的风控模型，运用不同数据组合进行欺诈预测，进而根据智能合约的规则进行处理。

第二，人工智能的引入让智能合约拥有了仿生思维。通过人工智能引擎的助力，智能合约可以将用户的输入转化为复杂的代码，生成符合用户需求和商业场景的"智能协议"。在图形界面的模板和向导程序的引导下，用户能够创建出适合自己的智能合约。

第三，人工智能通过不断学习和应用实践，形成了公共化的算力，使得智能合约能够更好地服务于用户和商业活动。

此外，人工智能与区块链智能合约的深度结合还需要突破法律和技术两个难点。虽然简单的合约可以实现自动化履约，但对于那些复杂的合约，争议的解决仍然需要人的介入。

第三节 数字经济的创新管理

一、数字化革新概述

（一）数字化革新的核心理念与价值

数字化革新是通过数字技术等手段，将数字元素和实物组件相结合，从而创造出新的产品，并进一步提升产品和服务的价值。这种创新形式能够为企业开拓新的发展领域，也能够挑战现有的市场格局，并促使业务模式和生产方式发生根本性的转变。数字化革新如今已经进入了数字智能阶段，也就是说，借助数字技术，实物产品能够完成动作指挥、位置确认、模式选择、自我学习和记忆回溯等智能行为。数字化革新改变了现有的价值生成结构，并带来了强大的新价值生成力。数字技术能够创造新的产品，助力企业提升组织运营效率。有了数字技术的支持，企业能够开发和运行多个并行的商业模式，创造出新价值。这些新价值既有益于企业自身，又能够为整个数字商业生态系统带来新的发展空间。

从价值的角度来看，数字化革新通过技术杠杆的方式，放大了企业的组织适应性、业务拓展性和技术灵活性。其能够通过与外界的高频次交互，不断提升企业的能力，这种改善过程也被称为"自生成拟合"。虽然实现企业的自生成拟合创新是一件相当困难的事情，但是模块化技术和理念的出现，成功打通了数字技术之间的相互依存关系，实现了自生成拟合创新的技术突破，这正是技术杠杆放大作用的体现。此外，数字化革新使得组织能够从独立个体的视角，重新审视其在现有的数字社会网络中的空间价值。在数字商业环境中，通过数字化网络提供新的整套商业解决方案以及寻找全新机遇的能力，成为数字化革新的重要价值所在。这种价值侧重于企业在数字化商业空间中的定位，这些新的现象和方式需要人们重新认识并深刻理解数字化革新的价值。

(二) 数字化革新的一般策略与特征

数字化革新经历了一个逐渐成熟的过程。以网络购物为例，其初期阶段主要依靠简单的订购目录展示，但随着时间的推移，线上销售模式逐渐完善，主要利益来源涉及在线推荐系统、比价系统、定位系统、陈列系统等。虽然这些数字化革新表现出复杂的特性，但其实质上可以概括为两种主要策略，即数字嵌入策略和完全数字战略。

数字嵌入策略主要是指将数字组件嵌入实物产品或机械系统中，使其升级为智能产品，并通过在线和移动服务不断优化产品或服务品质。在日常生活中，人们可以看到微智能技术已被广泛应用于家电领域，如自动扫地机和智能电视等，而利用客户竞争报价和实时呼叫系统的新型出租车企业也在逐渐改变传统出租车行业的运营模式。此外，在工业生产领域，嵌入式数字产品已渐渐成为主流，实时监控和预测技术取代了传统的计划式生产，应用于从产品设计到大规模生产的各个环节，包括定制生产技术、3D打印技术、实时仓储技术和机器人技术等。

完全数字策略是指在电子终端设备中将信息产品以数字化形式呈现在用户

面前，如电子图书等，此类产品也被称为"数字内容产品"。随着数字终端设备的日益普及，数字内容产品已成为人们消费的重要组成部分，而市场消费模式的转变也推动了基于信息产品的媒体行业的转型，传统的纸质报纸、磁带等信息载体逐渐淡出人们的视线。为应对这一变化，媒体企业开始削减传统媒体产品的产量，转向电子媒介的开发与生产。此外，大型电器零售和百货零售业也开始缩减实体门店，转向在线市场的经营，这是对信息不对称支撑下的传统服务业的颠覆性革新。

数字化革新的两种策略看似简单，但在实施过程中，每个企业都将面临独特的挑战。首先，数字化革新的节奏快且变化多端。数字技术的可塑性使得其可以快速重新组合，这种快速的变化促使企业在短时间内开发出"混合"或"智能"型的数字产品，并加速了企业产品的淘汰速度。其次，数字化革新的过程是复杂且难以控制的。企业可通过数字技术模块或平台创新产品，而每一次的创新又为下一次的跨越式创新提供了平台，这种随机的创新与迭代开发的形式增加了数字化革新的复杂性。最后，行业的新进入者与现有的巨头之间的数字化竞争将导致行业发生巨大转变，这种转变也将伴随着企业个体的组织管理形式的变革。

二、数字化革新的组织管理形式

数字化革新的组织管理形式可以从以下两个维度进行分析。

一个维度是关键数字资源和知识的集中度。人们可以看到，数字企业往往是垂直管理的，能够将所有优质的资源牢牢掌握在手中，以较低的成本获得高质量的创新成果。这样的垂直整合型企业拥有专利、品牌或核心技术的所有权，并通过自上而下的管理过程有效调配资源，以达成既定目标。在数字化的商业环境中，不仅存在关键数字资源和知识高度集中的情况，也存在高度离散的情况。在这种商业环境中，没有严密的层次结构，也没有哪一家企业能够独占所有的资源，这种环境下的数字化革新，依靠各个参与者之间的共同利益来推动。虽然每个参与者各自进行创新并迅速学习，但其创新成果会不断叠加和嫁接，最终生成多元复合的新型数字产品。在这样的商业环境中，无论是高度集中的管理形式，还是高度离散的管理形式，都有其独特的优势和挑战。组织需要根据自身的实际情况和市场环境，选择合适的管理形式，以更好地推动数字化革新的发展。

另一个维度是相关资源的功能属性。数字资源既是连接性资源，也是融合性资源。数字技术作为一种互联资源，既拓宽了创新的边界，也突破了时间与空间的限制，有效降低了时间成本。这种变革在新兴的组织形式中尤为显著，如虚拟团队、众筹、外包等业务模式。这些数字化模式有助于提升工作流程的效率和团队的协作能力，实现不同专业领域组织的知识和资源协同共享。这种连接性的数字化革新促使多个组织协商确定设计需求，选择合适的解决方案。例如，通用电气、宝洁等实体企业通过互联网这一连接性数字资源，寻求全球外包和技术共享等新型解决方案。除了连接性资源，数字化革新还能够创造融合性资源。具体而言，嵌入式数字产品可以通过融合操作转为全新的产品，为用户带来更多的功能体验。这一过程不依赖于外部资源或组织的支持，因为模块化和嵌入式的数字技术本身就赋予了实物产品自我创新的能力，这种以数字技术为基础的融合过程被称为"数字融合"。值得注意的是，数字融合在技术创新层面几乎不需要外部网络的支持，同时能使传统的实物产品具备可操控性和智能性，这是数字产品创新的突出特点。未来，传统的实物产品将具有交互功能、实时服务功能，以及根据外部环境自主作出决策的功能。

根据上述两个维度，数字化革新可以分为四种组织管理形式，如图 2-1 所示。

图 2-1　数字化革新的组织管理形式

(一)项目型数字化革新管理

项目型数字化革新管理是在公司内部进行的一种结构化的转型活动。公司在这个过程中会重新配置其资源，以确保数字化的努力能够有序推进并且达成既定的目标。这个过程往往在一个以层级制组织框架为主导的管理体系内进行，这样的组织框架有助于确保每个环节都能精确执行。涉及的专业人士往往集中精力于他们的专业领域，并且使用统一的数字化工具（计算机辅助设计软件）来为项目的成功作出贡献。

度量这种形式的数字化变革效果，通常会采用能力成熟度模型（CMM）和全面质量管理（TQM）等评价标准，这些标准能帮助企业量化改革的进度和质量，确保各项指标都达到预期的水平。通过这些评估手段，企业能够监控其数字化革新项目的有效性，并在必要时作出调整，以确保最终能够实现数字化转型的目标。

(二)氏族型数字化革新管理

氏族型数字化革新管理涉及一个由共同利益驱动的群体，这个群体的成员可能分散在各地，但他们共享相似的知识体系，并通过密切的联系协作共创。氏族型创新团队的成员，无论是组织还是个人，都采用通用的开发工具，并运用共同的专业语言和知识体系来表达其产品理念。成员们不受严格的科层管理，也不用对统一的权力中心负责。在这种类型的创新过程中，创新者更像是自由的志愿者而非受雇的员工，他们是在社会联系的基础上，根据自身的利益和兴趣行动的。在一个统一的技术平台上，成员们共同工作，以平台的标准来判定创新产品的质量。与项目型数字化革新不同的是，氏族型数字化革新并不依赖于传统的分层控制，而是依靠技术平台中公认的精英领袖来左右预期的创新方向与质量。在这种类型的革新中，少数的领导者与多数的追随者共同参与创新过程，其中，领导者负责制定工作流程和参与规则，而追随者根据自己的兴趣和特长自愿选择工作任务。

(三)联邦型数字化革新管理

联邦型数字化革新管理是指在一个系统管理的数字化创新联盟内部（如企业协约联盟），跨越多个不同的行业领域，以科层管理为组织架构，成员利用各自的资源与知识,共同研发新型数字产品。创新联盟中成员们使用的知识主要来源于多个不同领域的知识社群。创新联盟掌握创新的关键要素,并能自由调配汇聚在各类数字或知识平台上的资源。在这种模式下,知识社群的资源是被企业严格控制的,只有通过企业协约联盟的形式,才能进入创新联盟的数字化革新平台。一旦成为创新联盟的一员,各个知识社群就会按照严格的定义和规范标准化及模块化,开发有利于联邦型数字化革新的组件和接口,最终整合成一个全新的巨型创新产品。

联邦型数字化革新管理的重要环节在于内部信息交互,该环节需要有效促使创新者将新的知识资源共享给创新联盟的决策层。在这种类型的革新中,成员来自不同产业和行业,他们借助不同的数字资源库和社交网络工具,为联盟带来源自行业外的新资源和新视角,这使得联盟不仅在技术层面具有创新优势,还能从跨行业的角度提供全新的视角,进而保持从技术到网络的全方位竞争优势。然而,企业可能存在用其核心技术获取经济利益的动机,这可能与联盟整体利益的最大化存在矛盾,成为制约联盟发展的障碍。因此,创新联盟需要构建有效的激励机制,这样一方面能保护成员单位的利益,另一方面能促使创新者愿意在平台上分享最新的创新成果。

(四)混沌型数字化革新管理

混沌型数字化革新管理是面向跨行业边界的革新活动,其主要特点是组织内的成员具有不同的知识背景,且人员流动性较高。该类型的组织结构较为松散,创新成果往往不可预测,具有较高的随机性。

混沌型数字化革新团队通过突破传统行业边界,创造出全新的产品。其目标并非一次性实现创新活动,而是沿着各自独特的商业逻辑和创新路径,在特定的领域里进行探索和研究。虽然每个成员所在的领域不同,但在创新过程中,他们的路径和成果往往相互交织、互相影响,成为创新过程中不可分割的一部分。在移动服务市场中,这种现象尤为明显,随着个体移动数据传输应用的不断发展,移动服务商纷纷对其业务结构和企业发展战略进行调整,以适应市场的变化。在这一市场上,手机运营商、软件公司、内容提供商、硬件设备制造商和广告公司等都加入其中,共同创造出新的市场机会、商业模式和技术标准。但在这个创新过程中,没有一个明确的组织者或组织机构来引导整个过程。

团队在混沌型数字化革新管理中需要思考如何协调成员间的利益冲突，以及如何促进不同成员之间良好沟通。在这个过程中，成员的加入和创新活动的开展都是以自组织形式随机实现的。由于涉及众多不同的知识资源和行业背景，内部沟通成了一个难题。新的知识和理念不断涌入，需要成员们去消化和吸收，然后在这个基础上进行创新，创新的过程将变得愈发复杂。同联邦型数字化革新中的问题类似，在这样的组织体系中，建立一种满足所有人的资源分享激励机制几乎是不可能的。对此，这种体系既需要支持不同背景成员之间的沟通，又需要建立奖励机制。由于技术和商业模式的快速发展，上述机制应具有高度适应性。总之，混沌型数字化革新需要建立一个具有约束性、灵活性和开放性的高速动态管理机制，以满足整个创新过程的需求。

第四节 数字经济下跨境电商供应链管理的理论构建

一、供应商管理理论

（一）供应商管理的核心目标和环节

供应商管理的核心目标在于，依托对供应商资源的系统评估与实时跟踪，筛选出一批综合服务能力强、信用水平高的供应商，与之建立互惠共赢、平等互利的战略伙伴关系，组成利益相关的联盟，共同面对外部竞争对手。在这种合作关系下，双方既要在利益层面达成一定的共识，又要在经营理念和文化价值上取得一致，通过巩固合作的基础，发挥各自的资源优势，在激烈的市场竞争中保持紧密的合作，以实现双方的共同利益和发展。

供应商管理包括对供应商的评价、筛选、维护和拓展等环节，其中对供应商的筛选是管理工作的起点，也是其基础。企业在筛选供应商时，通常会主动寻找并选定符合要求的供应商资源，依据双方的合作愿景来建立战略合作关系。

（二）供应商的选择与评价程序

在选择与评价供应商时，企业需着重考察供应商在质量控制、交付控制以及成本控制等关键能力方面的表现。值得注意的是，不同企业在不同发展阶段对于供应商的需求是不同的。因此，在选择供应商的过程中，企业应该基于自身的核心需求，平衡生产柔性、产品质量、交货时间以及原材料的多样性等关键因素，找到最为经济、最为合适的供应商序列，以满足自身的生产和供应需求。供应商的选择与评价程序如图2-2所示。

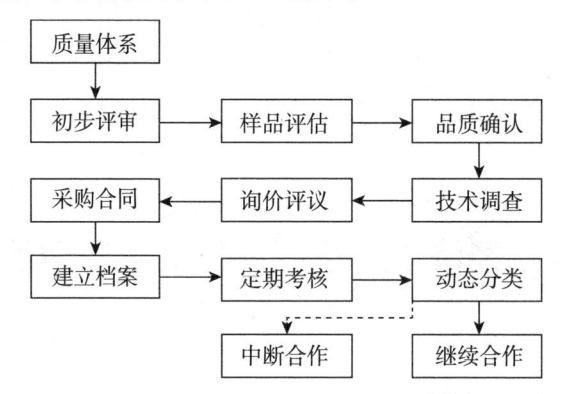

图2-2 供应商的选择与评价程序

对于绝大多数企业，选择与评价供应商通常涉及以下步骤：

第一，企业需深入目标供应商进行实地考察，全面了解其供货能力及质量体系。接下来，基于产品的质量需求，评价供应商的质量管理系统，验证样品是否达标。若样品质量达标，便进一步检测批量产品的质量；反之，则说明供应商的质量管理不符合企业的标准。还有一点需特别强调，样品检测时必须采取妥善的包装保护措施，且相关负责人需在封口处亲笔签名，避免样品检测的失误影响质量判断。

第二，资质调研同样是供应商评价的关键环节。企业通常会成立专项调查小组，深入供应商的生产一线，全面检查其设备运行情况、生产环境、交货能力及生产工艺等多个方面，并结合所收集的信息对供应商的整体运营情况进行评价。评价结果将成为选择供应商的重要依据。

第三，当企业通过一系列的质量检测与资质调研，确信供应商达到合作的标准之后，采购部门便会进入下一阶段：正式与供应商签署合作协议和采购合同，这一阶段的关键是要明确双方的权利和责任，以此作为今后合作的法律依据。合同中会详尽列明交付的时间、产品质量、服务标准及违约责任等条款，确保合作过程中的每一个环节都能顺利完成。通过这种方式，企业能够建立起一个明确的结构框架，使得合作双方都能在共同认可的基础上开展工作。

第四，当合作期满时，企业将进入合同履行的评价阶段。采购部和质量部会联合对供应商的履约情况进行详细审查，这不仅包括供应的产品质量，还包括交付时间、服务响应等多个维度。评价的结果不仅会被记录在供应商的档案中，还将直接影响到企业是否与供应商续签合约的决策。如果供应商的表现未能达到企业的标准，企业会将其划入储备供应商名单，并持续进行动态管理。这个过程确保了供应商名单的实时更新和优化，让企业在保持供应链稳定性的同时，能够灵活应对市场的变化，使其与供应商的合作始终在健康且可控的范围内。

（三）供应商管理理论与跨境电商供应链管理

由于跨境电商涉及国际贸易，所以在供应链管理的过程中需要考虑到国际物流、关税、汇率等多个因素，确保供应链的顺畅运行。在跨境电商供应链管理中，供应商管理是一个关键环节，企业需要与供应商建立稳定的合作关系，以确保产品的质量和供应的稳定性，降低运营风险。此外，企业还需要通过信息化手段对供应链进行实时监控，及时调整供应链的运作方式，提高整体的运营效率。供应商管理理论为跨境电商供应链管理提供了理论依据，帮助企业更好地管理供应商，提高供应链的整体绩效；跨境电商供应链管理则是供应商管理理论在电商行业的应用和拓展。通过有效的供应商管理，企业可以降低运营风险，提高整体运营效率，在激烈的市场竞争中脱颖而出。

二、流程再造理论

（一）流程再造的内容和核心目标

流程再造理论作为继科学管理理论和全面质量管理理论之后，引领管理领域学术风潮的主流理论，被誉为"历史上第三次管理革命"。流程再造包括企业在经营实践过程中对流程的改革、架构的调整以及文化的更新，其核心目标在于提升企业整体的运营效率和经济效益。从流程再造理论的实践角度来看，诸多企业在流程再造的引导下进行了显著的变革，尤其在采购管理流程方面，标准化的建立和持续的优化改变了采购职能的运行环境，提升了采购管理的效率。而采购流程的智能化和信息化水平的不断提升，也使采购管理的效能显著增强。

（二）流程的分类

企业流程的高效运作是企业成功的关键。根据流程对企业战略和日常运营的影响力，可将流程分为关键流程和非关键流程。其中，关键流程是企业核心竞争力的体现，如生产型企业的生产制造、产品销售、技术开发、原材料采购和物流运输等环节，其直接关系到企业的生存和发展，因此对它们的再造和优化，是提高企业适应市场变化能力、提升运营效率和资源配置效益的重要手段。通过精细化管理关键流程，企业能够确保核心业务的顺畅运行，并在此基础上构建高效的流程体系，以支撑企业的长期发展和增强市场竞争力。

（三）流程再造实施的注意事项

流程再造的有效实施需要注意以下三个方面的内容：第一，设计理念应坚持以人为本，即在流程再造过程中，应充分考虑和利用人的创造性、协作性和灵活性。具体而言，企业应通过充分的内部研讨，让员工理解流程再造的目标和过程，使其成为企业文化和员工行为准则的一部分。第二，企业需要推动组织架构扁平化，以减少不必要的管理层级，进而加快决策过程和信息传递的速度，提升组织的响应能力。简化的结构也有助于加强员工的责任感和参与感，使他们更加积极地参与到流程改进中来。第三，构建积极自由的企业文化，积极自由的企业文化可以引导员工开放思维、拥抱变化，愿意尝试新方法和新工具。文化上的支持对于流程再造至关重要，因为它能帮助员工缓解变革带来的不确定性和压力，确保新流程的顺利实施和内化。在这种文化背景下，员工更容易接受新的业务流程和工作环境，并为企业带来持续的创新和改进。

(四)流程再造的原则

1. 以流程为中心

流程再造的核心原则是以流程为中心,深入挖掘并彻底改革组织内部现存的工作流程。它不是简单地对现有流程进行局部的调整或改善,而是通过思考,创造出与组织的架构和战略目标更加协调一致的全新流程体系。这种重构旨在打破传统的工作模式,消除冗余步骤,减少不必要的层级,进而显著提高流程的效率和灵活性。通过流程再造,企业能够实现流程运行的高效化和便捷化,为快速响应市场变化提供有力支持,并为提高顾客满意度和企业竞争力创造条件。这种以流程为中心的再造策略,要求企业必须放下旧有的做事方法,勇于创新,通过整体性的改革来促使企业流程达到最优化。

2. 重视组织

在流程变革的实践中,组织比较关键。这是因为流程变革不只是对工作流程的一次革新,更是领导层通过深度介入推动整个组织变革的一个切实行动,它需要被融入企业管理的每一个维度,涵盖现代化经营理念和市场驱动的管理策略。这样的变革往往影响着组织结构和运营模式的全面更新,是一场涉及组织内外多方面的革命。在这个过程中,难免会遭遇来自个体或集体的阻力,特别是当改变触及个人利益、习惯或恐惧未知时,反对的声音很可能愈演愈烈。因此,要重视组织,而组织通过有效的沟通、激励机制和组织文化的培育能够保障流程变革顺利推进。组织不仅需要关注流程变革的技术层面,更要重视人的因素,确保变革能够在人的接受和支持中实施,进而保证流程变革的深度和持久性。

3. 实施团队式管理

团队式管理突破了传统的层级式管理模式,强调以人为本,是建立在尊重和互信基础上的价值观。在这种管理模式中,团队成员被鼓励以积极主动的态度应对工作中遇到的各种挑战。团队式管理被视为一种文化和理念。在这种文化中,成员被视为组织成功的关键,每个成员的优势和创造性都被充分发挥,进而促使整个团队解决问题的能力得到增强。通过这种方式,激励成员围绕共同的目标进行工作。

实施团队式管理对于流程再造至关重要。流程再造本质上是对企业内部工作流程的重新设计，目的是通过消除无效、低效的流程来提高效率和竞争力。在这个过程中，需要团队成员深入分析现有流程，寻找存在的问题，然后创造性地设计和实施新的流程。由于这一过程往往涉及跨部门的合作，因此团队成员之间的信任和尊重非常重要，只有当团队成员间建立了坚实的信任关系，才能确保信息的开放共享和有效沟通，使流程再造的实施成为可能。此外，团队式管理还强调每个成员的主动性和责任感，确保团队能够共同面对挑战、克服难题，推动流程再造向着既定的目标稳步前进。

4. 重视信息技术的支持

利用信息化管理系统，企业能够实现数据的即时收集、处理和分析，这对于识别流程中的瓶颈、预测趋势、制定战略决策具有至关重要的作用。例如，企业资源规划（ERP）系统能够跨部门地整合信息流，保证信息的一致性和实时更新，为决策提供一定的数据支持。同时，客户关系管理（CRM）系统可以帮助企业更好地理解客户需求，优化销售和服务流程。通过这些系统，企业可以在更短的时间内响应市场变化，快速作出决策。

信息技术在提高组织运行效能方面也发挥着不可替代的作用。在流程再造中，通过自动化工具和智能系统，如人工智能和机器学习算法，组织能够处理和分析大量数据，筛选出关键信息，并将其转化为有价值的观点。这些技术能够缩短从数据到决策的时间，提升流程的响应速度，减少人为错误。例如，大数据分析能够帮助企业从复杂的数据集中发现模式和趋势，进而优化产品设计、库存管理和供应链流程；云计算提供了灵活的资源配置和扩展能力，使得组织能够根据需求快速调整IT资源。信息技术的支持使得组织能够更加敏捷地应对外部环境的变化，从而增强竞争力。

（五）流程再造理论与跨境电商供应链管理

流程再造理论对跨境电商供应链管理的意义在于，其提供了一个全面审视和根本性改革现有流程的方法论。在跨境电商领域，供应链的复杂性比较高，涉及多个国家的法规、货币、物流等，通过应用流程再造理论，企业能够识别和消除供应链中的非增值活动，简化复杂的流程，减少冗余步骤，从而显著提升运营效率。例如，重新设计供应链流程可以减少货物在仓储和运输过程中的停滞时间，优化库存管理，从而更快地响应市场需求，提高顾客满意度。此外，流程再造也可以通过引入先进的信息技术系统，如集成的供应链管理软件，实现实时数据共享和流程自动化，从而更有效地控制供应链风险，降低成本，并增强其适应性和灵活性。

流程再造不只是对流程和技术的改进，还涉及人的因素，特别是在跨境电商这种高度依赖人力的行业中。在这一行业中，企业必须投资于员工的培训和发展，确保他们既理解新流程，又能够有效地在新系统中工作。人员的适应性和成长是流程再造成功的关键，因为员工是执行新流程、使用新技术并最终服务客户的直接主体。对此，跨境电商企业在进行流程再造时，需要平衡流程、技术和人的关系，通过全方位的管理和持续的优化，实现供应链的有效管理和企业经济效益的提升。

三、协同理论

（一）协同理论的内涵

德国物理学家赫尔曼·哈肯在《协同学导论》中提出了"协同理论"，协同理论认为，整个环境中的各个系统间存在着相互影响而又相互合作的关系。社会现象亦如此，如企业组织中不同单位间的相互配合与协作关系，以及系统中的相互干扰和制约等。

一个企业可以是一个协同系统，协同是经营者有效利用资源的一种方式。这种使公司整体效益大于各个独立组成部分总和的效应，经常被表述为"1+1＞2"或"2+2=5"。安德鲁·坎贝尔等在《战略协同》一书中说："通俗地讲，协同就是'搭便车'。当从公司一个部分中积累的资源可以被同时且无成本地应用于公司的其他部分的时候，协同效应就发生了。"

（二）协同理论与跨境电商供应链管理

当前，随着网络信息技术的突飞猛进，协同理论在社会的各个领域中展现出极强的适用性，在跨境电商供应链优化领域，协同理论也发挥着重要的作用。例如，在跨境电商领域，需要通过互联网技术实现不同国家和地区的企业与个人之间的协同，进而高效地整合生产、计划、研发、营销、支付、物流等供应链环节，推动一系列电子商务活动顺利进行。在这一过程中，信息交流、数据共享、产品推送以及其他服务活动都是协同的重要组成部分。根据协同理论，无论是制造商、供应商、分销商，还是其他相关合作者，都是供应链中的重要组成部分，其在不同环节中扮演关键角色。通过协同工作，各方可以共同参与生产、分销、研发等活动，实现资源的最大化利用，提升客户的满意度，激发客户积极响应，并有效地降低库存存储成本，从而实现更加高效的供应链管理。

跨境电商企业可采用基于协同理论的组织管理方式来优化供应链，其主要目标在于实现供应链的交互式协同，并在全球范围内进行有效的协调，以优化供应链资源。这种优化方式与纵向一体化存在明显的区别，纵向一体化主要涉及上下游企业之间的纵向合并，牵涉一系列与供应链相关的知识产权和法律问题。相比之下，供应链优化主要通过合作关系，使双方企业达成合作意向，并借此激励或约束各方行为。企业可通过有效利用相关信息、重构环节功能、优化各个环节的流程、融合文化以及进行资源重组策划，实现企业间的良好衔接，优化供应链的核心功能，进而提升整体的竞争力。

放眼全球，市场竞争日趋激烈，消费者的需求愈发复杂多样，期望值也日益提高，市场竞争的方向和模式发生了重大变化，逐渐从传统的低成本竞争转向时间竞争。对于跨境电商而言，能否快速响应市场变化决定了企业整体竞争力的高低，而快速响应能力又与供应链的效率密切相关。快速响应能力的核心在于跨境电商是否能够缩短供应链的反应期，并获取一定的竞争优势，这背后的关键在于企业是否能够充分实现协同合作，使供应链上的各个环节都能共享相关信息。这样，企业便能逐步缩短供应链的反应期，减少库存量，改变库存投资方式，不断优化服务质量，提高竞争水平。一旦供应链能够实现高效协同，顾客的需求就会得到充分满足，进而为企业带来积极的效益。

跨境电商企业还需要学会充分利用先进的通信技术，使客户能够快速了解自己订单的状态和情况，高效处理订单问题，确保商品准时、准确交付。其核心目标是不断提升对供应商的交货量控制能力，增加按时完成履行订单的比例，树立正确的运营理念，以提升客户满意度为己任。协同理论主张协同合作，帮助供应链中各环节的成员企业高效地识别和解决问题，消除供应链中的痛点，提高供应链的投资回报率，整合企业内外部的资源，优化企业内外部的基础配置，从而提升企业在供应链中的核心竞争力。在供应链运营的过程中，各环节总会出现各种不确定性，如产品发布时机预测失误、货品交货时间延迟、机器出现故障、订单临时取消等，因此企业不得不面临库存量的增加，以及库存放置位置的选择问题。市场需求的瞬息万变要求企业提高应对能力，通过优化供应链，企业可以在各个环节上共享库存相关信息、销售数据以及客户订货等信息，这些信息能够帮助企业在生产销售方面作出更准确的判断，减少不必要的库存，努力避免因错误预测而造成巨大利润损失。

供应链优化涉及的主体繁多，包括上下游公司、主要供应商、制造厂家、批发商、零售商以及最终消费者。在优化供应链的过程中，作为组织者的领导者需要一方面关注企业自身的发展，另一方面关注其他环节主体企业的运营状况，并与这些环节上的企业进行及时的沟通与交流，实现高效的协作，达到预定目标，促使供应链健康良性发展。供应链优化的目标在于实现协同发展，包括信息、网络、库存、物流以及其他高科技技术的一体化发展。跨境电商企业要想实现供应链的优化，就必须合理利用这些技术，不断提升自身的能力，改变管理方式，推动企业更好地前进。一旦供应链中各环节主体企业实现高效协作，即便在供应链的运行过程中出现紧急或异常情况，如订单突然取消、订单错误频发等，供应链各环节的主体企业也可以采取已经确定的异常事件处理方案，或利用先进的网络通信手段，将事件信息发送到供应链的特定环节或所有环节，采取更有效的处理方式。可见，提前沟通确定异常事件的处理方案，运用先进的通信技术，都能够提高处理异常事件的速度，提升应对突发状况的能力，增强供应链运营的可靠性。

四、交易成本理论

（一）交易成本理论的内涵

经济学家罗纳德·科斯在《企业的性质》中提出了"交易成本理论"，该理论对企业的本质加以解释。由于经济体系中企业的专业分工与市场价格机能之运作，产生了专业分工的现象；但是使用市场的价格机能的成本相对偏高而形成企业机制，它是人类追求经济效率所形成的组织体。交易成功的基本条件是需要有一个彼此没有异议的价格。在交易中，要按照协商谈判时的协定价格进行签约，还要验证彼此之间是否正常履约，这一系列流程所产生的成本就是交易成本。交易成本是指交易双方在完成交易前后产生的各种与交易相关的成本。

（二）交易成本理论与跨境电商供应链管理

跨境电商在进行国际贸易的过程中，会产生众多交易成本，这些交易成本主要包括信息搜寻成本，即交易双方在收集产品信息时所需要支付的成本；供应商议价成本，即交易双方在确定合同内容时所产生的成本；签订合约的成本，即交易双方为了确保交易的持续性，在确认谈判结果后签订合同所需的成本；商品采购成本，即企业为了满足消费者的需求，采购商品所需的成本；物流配送成本，这是国际贸易过程中一项比较大的成本；售后服务成本，这是影响跨境电商企业核心竞争力的关键因素。交易成本的产生有着复杂的原因，尤其在跨境电商进行交易的过程中，所面临的情况更为复杂，但其根本原因无外乎两种：人性和交易环境。这两种因素的交叉影响会导致市场失灵，进而可能导致交易失败。在交易过程中，参与主体是人，他们受到心理、智力、情感等方面的影响。

五、价值链理论

（一）价值链理论的内涵

1985年，哈佛大学商学研究院的迈克尔·波特教授在其所著的《竞争优势》一书中首次提出了"价值链"的概念，并指出它是对增加一个企业的产品或服务的实用性或价值的一系列作业活动的描述。波特在其理论中全面深入地探讨了企业的内外部管理及经营环境的状况，并且对企业的价值链进行了分析。企业的价值链包括设计、采购、生产、销售、交货以及产品的维护等环节，这些环节共同构成了企业创造价值的过程。企业创造价值的计算方法：消费者有意愿购买这个产品或者服务的价格乘以其购买的数量得到的总数额。从竞争的视角来看，价值也可以理解为消费者愿意为企业提供的产品或服务支付的价格。当企业所获得的总价值超过生产该产品所支出的各项成本时，企业就能够获得利润。波特的价值链理论如图2-3所示。

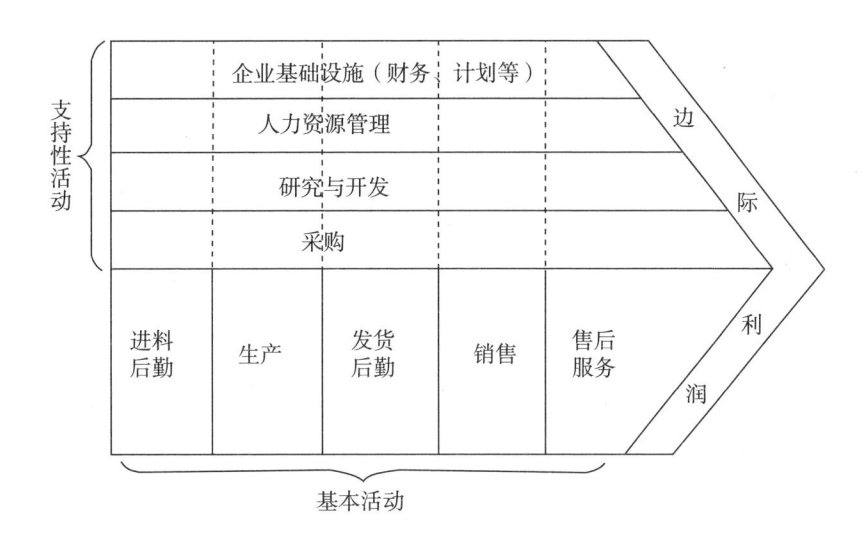

图 2-3　波特的价值链理论

（二）价值链理论与跨境电商供应链管理

价值链理论在跨境电商供应链的优化管理上发挥着重要作用。未来的市场竞争逐渐明朗，能够提供卓越的产品和服务的企业将占据核心的竞争地位。跨境电商企业应清醒地意识到优化供应链的重要性，并努力构建高效的供应链，以增强自身的综合竞争力。

价值链和供应链在定义和发展历史上有所不同。价值链侧重于价值的创造过程，而供应链聚焦于产品的供给环节。在管理价值链时，应基于其理论基础，将企业的核心业务流程视为价值增值和创造的活动，并使这一连续的流程形成链状结构。在管理价值链时，应深入考虑各种协作方式和方法，以降低成本，提升经营效果。价值链的管理是一项全面的活动，能够协助企业全方位、动态地整合生产、营销、研发等各环节的业务活动。价值链还能帮助企业有效规划各环节的工作，取得卓越的绩效成果，形成高效的系统。这个系统具备自我管理和组织能力，能够有效处理资金流、信息流、物流和技术产品流等方面的问题，形成系统化的价值流通链。一旦企业拥有了高效的价值链，信息的流通和共享速度将显著提升，物流效率将得到提升，订单的成功率也将显著提高。但是，若价值链上的每个环节都只关注自己那部分，而没有将目标和活动有效地与其他环节结合在一起，就会降低价值链的整体效益。

优化企业供应链的核心目标在于,通过各种手段,供应链上的各个主体企业实现紧密高效的协作,提升供应链的整体绩效,增强市场竞争力。具体而言,供应链的优化不仅限于生产环节,还需要对企业内部的供应链实施更为有效和有序的管理。通过切实可行的管理计划,确保整个企业与目标供应商、制造商、运输方、分销商及最终消费者之间的物流、信息流和市场资金流畅通无阻,从而使各个环节工作顺利推进,生产效率提高,实现企业内部供应链的优化目标。

在竞争激烈的市场环境下,企业主要关注的是那些与自己供应商和客户群体一致的竞争对手。如果从供应链竞争的角度深入分析可以发现,企业竞争的实质主要在于供应链本身的价值竞争。对此,企业必须树立注重价值链的观念,并且构建有效的价值链。价值链理论对供应链的优化,核心在于在供应链中引入价值链的理念,从而明确价值链的运作思路,有助于优化供应链的整体结构,进而为供应链的各个节点和流程的价值贡献提供明确的指引。在供应链的各个环节中,若存在无价值或低价值的情况,应采取相应的措施予以调整,也可以通过价值工程计算等手段,计算出供应链各个环节产生的整体价值,并据此提升效率,达成协调合作,发挥整体价值。

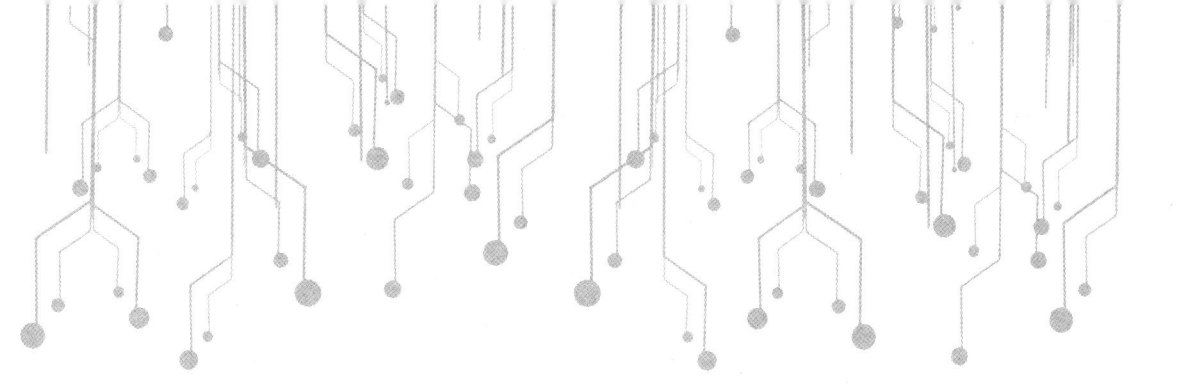

第三章 认识跨境电商供应链

第一节 跨境电商供应链概述

一、跨境电商供应链的内涵

跨境电商供应链是指在满足国际客户需求的过程中涉及的所有环节，这些环节包括制造商、供应商、国际物流公司、仓储中心和分销商，甚至包括国外的消费者。这些环节共同构成了一个综合的组织体系，而这个体系的运作是基于信息流、产品流和资金流的无缝对接，目的是降低采购、库存、运输等环节的成本，提升整个供应链的竞争力。实现这一目标，能够增强供应链中各个企业的市场竞争力，还能够让参与的企业或组织共享更多的利润。

二、跨境电商供应链的载体

跨境电商供应链有三个载体，分别为产品流、信息流以及资金流。以"全球速卖通"为例，其供应链上的优势正是其取得巨大成功的关键因素。2010年4月成立的全球速卖通，到2016年时已经是全球第三大英文在线购物网站，这得益于其在信息流、产品流和资金流方面的大量投入和良好管理。

在信息流方面，阿里巴巴成功收购了美国电子商务服务商Vendio，借助Vendio在网店零售服务领域的丰富经验，以及其在帮助中小商家建立线上销售平台和接入不同线上销售渠道方面的专业知识，阿里巴巴为全球速卖通提供了进军美国市场的通道。通过这次收购，Vendio将其服务的8万多家美国

B2C 零售商家与全球速卖通对接，实现 B2B2C 模式，为全球速卖通打开了美国市场的大门。

在产品流方面，阿里巴巴与全球领先的物流公司 UPS 达成战略合作，整合 UPS 先进的运输技术，为全球速卖通用户提供便捷的货运管理和在线追踪服务。用户可以在线打印 UPS 货运标签，申请 UPS 上门取件服务，感受到高端的物流体验。

在资金流方面，阿里巴巴携手全球最大的在线支付公司 PayPal，借助 PayPal 在全球 190 个市场的强大网络和超过 8 400 万的活跃账户，为全球速卖通用户提供便捷的支付服务。与 PayPal 合作后，全球速卖通用户可直接通过 PayPal 进行支付，这无疑大大提升了全球速卖通的订单转化率。

以上三者的有机结合，为全球速卖通的供应链带来了巨大的竞争优势，推动其在全球市场迅猛发展。

三、跨境电商供应链的实体

对于跨境电商而言，除了要妥善处理产品流、信息流和资金流等供应链载体问题，还必须解决沟通与协调问题。

一个企业的失败可能是由于供应链的设计缺陷，也可能是由于供应链各实体之间缺乏有效的沟通与协调，导致各个实体在设计、流程和资源等方面难以达成共同的战略目标。例如，一个电商平台决定提供丰富的产品，同时希望保持较低的库存水平，如果它在选择供应商和运输商时主要依据价格而非响应速度，最终的结果必然是因为供应链的供应能力不足，导致消费者不满。又如，如果一个企业的市场营销部门积极宣传其快速供应的能力，而分销部门为降低成本，选择了低价的运输方式，这样势必对企业的运作与发展产生不利影响。因此，供应链上各个实体的战略目标必须与整个供应链的战略目标保持一致，共同的目标就是要实现供应链所追求的各实体之间的一致性。

实现供应链各实体间战略目标的一致性是实现供应链整体竞争优势的关键，这需要供应链的各个环节之间进行有效的沟通与协调，确保每个环节的战略目标与整体供应链的战略目标保持一致。在供应链的各个环节，沟通与协调的范围可以根据具体情况分为以下三种：

（一）企业职能部门内供应链管理

在企业内部的供应链管理中，每个环节通常独立制定自己的战略，以便达到自身成本最小化的目标。但是，这种独立制定战略的方式并不一定能够产生最大的供应链剩余，因为不同的职能部门之间可能存在冲突。虽然在过去，这种以职能部门为主导，力求最大限度降低成本的供应链管理模式较为普遍，但在跨境电商供应链管理中，不能仅仅将问题简单归结为各职能部门实现成本最小化。以企业的分销活动为例，在评估运输成本时，通常以单位平均运输成本为标准。假设单件产品运输成本为 10 美元，而整车运输每件产品的成本为 1 美元，为了尽可能降低成本，运输部门可能会选择整车发货，因为这样可以使单位运输成本降到最低。但是，这种决策在最小化单位运输成本的同时，增加了运输时间和库存成本，削弱了供应链的整体响应能力，这种局部最小化成本的观点往往导致各个部门之间无法实现有效的协调，而缺乏协调的后果是减少了整个供应链的剩余价值。

（二）企业职能部门间供应链管理

在供应链管理的缺陷暴露之后，管理层开始认识到，供应链实体间的协调不能仅限于各职能部门内部，而应该向外拓展，基于企业职能部门间制定战略。在这个阶段，所有职能部门的目标都是使企业的利润达到最大化。为实现这一目标，各部门制定的战略需要相互配合，且必须符合企业的长期战略目标。在供应链的沟通与协调范围扩展至职能部门间时，企业的重点从关注单个部门的成本转为关注整体收入。换言之，企业应该重视增加一单位的成本所带来的利润增加幅度。以仓储部门和市场营销部门为例，仓储部门可能希望减少商品库存来降低库存成本，而市场营销部门希望增加库存，以提高企业的响应能力并增加销售额。如果通过增加产品库存带来的收入或利润超过因此而产生的库存成本，企业就应该选择增加库存。但对于整个供应链来说，这样的范围划分仍然存在缺陷。例如，对于两个独立的实体，如制造商和电商，电商可能希望通过实施快速响应战略来吸引消费者，而制造商则可能更看重效率或成本，在这种情况下，很难让整个供应链达到最优状态，从而可能造成不必要的损失。

（三）企业间供应链管理

在当今的商业环境中，供应链管理已成为企业战略的重要组成部分。然而，在企业间供应链管理实践中，存在着明显的短板，如各个企业都倾向于优先考虑自身利益，追求自身利润的最大化，而忽视了供应链整体盈余的最大化。这种局限性的视角造成了资源的不均衡分配，可能导致某些企业在供应链中处于劣势地位，并影响整个供应链的效率和响应力。在理想的供应链管理模式中，每个企业都应该突破自身的局限，将视角拓宽至整个供应链，确保协同合作。对此，企业间应建立更为紧密的合作关系，共享信息，统一战略目标，并通过合作增加整个供应链的价值，实现整体盈余的最大化。例如，通过共同的库存管理系统和需求预测机制，各企业可以更有效地协调生产和配送，减少整个供应链的库存，降低运营成本，从而实现共赢。

供应链管理的一个关键挑战是提高服务速度，以满足日益增长的市场需求。在市场竞争日益激烈的今天，产品的价格、质量和性能虽然重要，但快速响应市场需求，将产品及时送达客户手中是企业获得竞争优势的决定性因素。如果供应链的协调仅限于企业内部，将无法实现这一目标。所以，企业需要通过跨企业的合作，实现信息的实时共享和流程的快速执行，这涵盖联合的需求计划、共同的物流策略，以及协同的订单管理系统。通过这些策略，供应链能减少无谓的延误，还能提高对市场变化的适应能力，满足客户对于快速交付的需求。企业应该致力于构建一个互联互通、高效透明的供应链网络，不断优化供应链流程，加强与合作伙伴之间的战略配合，以提高整个供应链的敏捷性和竞争力。

四、跨境电商供应链的周期

跨境电商供应链的整体流程可以被划分为一系列的周期，每个周期发生在供应链上两个相邻环节的接口处，以确保流程的顺畅进行。通常，这一流程包括制造商采购原材料、制造商生产产品、国际物流公司进行货物配送以及处理顾客的订单等关键环节。具体而言，跨境电商供应链流程可被进一步细化为采购周期、制造周期、补货周期和订单处理周期四个周期，每个周期都包括卖方展示或推销产品、买方下订单、卖方接受订单、货物运输以及买方收货等步骤。跨境电商供应链的周期观点清晰明了地呈现出供应链所涵盖的全部流程及每个流程的责任主体。在进行供应链决策的过程中，这种周期观点发挥着重要作用，因为它为供应链的每个成员明确了各自的职责和任务，并为每个流程设定了预期的产出目标。

以一位消费者在美国亚马逊网站购买充电宝为例，具体阐释跨境电商供应链的周期活动。在这一示例中，供应链起始于消费者对充电器的需求。消费者浏览亚马逊网站上展示的商品，其中包括亚马逊自营的商品（存放在亚马逊的仓库中）以及一些独立商家在亚马逊网站上开设的店铺中的商品，并在选定商品后选择提交订单。如果商品是亚马逊自营的，那么亚马逊会接受订单，并从亚马逊自营的仓储中心发出货物，然后由消费者接收货物，完成一个订单处理周期。如果商品属于独立商家，那么由独立商家负责发出货物，消费者接收货物。亚马逊自营的仓储中心或那些独立商家在某些商品库存不足的情况下，会向供应商发出补货订单，供应商接收订单后，发出货物，亚马逊仓储中心或独立商家接收货物，这样一个补货周期就完成了。若供应商的库存不足，它会向制造商发出补货订单，接收订单的制造商则会采购原材料、生产产品、发出货物，完成制造周期和采购周期。在这个供应链中，亚马逊负责向消费者提供产品的相关信息，消费者选购商品后，支付款项给亚马逊，随后亚马逊将零售终端信息传给独立商家或其自营的仓储中心。独立商家或其自营的仓储中心将货物运输给消费者，消费者确认收货后，亚马逊将货款支付给独立商家或其自营的仓储中心。在此过程中，独立商家或亚马逊自营的仓储中心会及时向供应商发出补货订单，供应商又会向制造商发出补货订单，制造商则生产商品。订单处理周期、补货周期、采购周期和制造周期贯穿整个供应链。

供应链的主要目的在于满足消费者的需求，同时获取利润。"供应链"这一词语形象地描述了产品或原材料沿着供应商—制造商—分销商—电商—消费者的链条移动。实际上，跨境电商可以向多个制造商和分销商采购货物，而制造商也可以从多个供应商处购进原材料。在跨境电商和制造商之间可能还存在多个分销商，因此可以认为，大多数供应链实际上是一个网络，这个网络被称为"跨境电商供应网络"。

五、跨境电商供应链的流程

在跨境电商企业内部，供应链活动主要有客户关系管理（CRM）、集成供应链管理（ISCM）和供应商关系管理（SRM）三个流程。这三个流程对于接收并满足客户的需求至关重要，涉及信息流、产品流和资金流等方面。

客户关系管理专注于激发顾客需求，并简化客户下单和订单追踪的步骤。其包括客户关系建立、提供客户服务等环节。

集成供应链管理主要是在确保成本最低的前提下，及时满足客户关系管理所产生的需求。这涉及内部生产与库存能力的规划、供需计划的制订，以及实际订单的执行。

供应商关系管理致力于协调和管理供应商资源，以满足各类产品和服务的需求。这包括对供应商的评估与选择、协商供货条款以及与供应商就新产品和订单事宜进行沟通。

这三个流程都是为了更好地满足顾客的需求而存在的，且它们的整合对于供应链的成功运行发挥了关键作用。然而，在许多企业中，这三个流程往往是孤立的，缺乏有效的沟通与协作。举例来说，市场营销部门可能只关注客户关系管理，生产制造部门仅关注集成供应链管理，采购部门则只负责供应商关系管理，这样的独立运作，降低了供应链对供需的匹配效率，还可能导致顾客不满意和产生较高的运营成本。对此，要建立一个能够有效反映上述流程的供应链组织，这样可以确保流程中的各个成员能够顺畅沟通并协同工作，促使供应链效能最大化。

第二节　跨境电商供应链的重要性

跨境电商涉及的实体较为庞杂，载体较为丰富，周期较为漫长，系统较为复杂，高效的供应链管理对于跨境电商在激烈的竞争环境中能够占据一席之地具有决定性作用。"全球速卖通"和苹果公司的成功便体现了供应链设计需要不断适应技术的进步和顾客需求的变化，而亚马逊和小米的巨大成功凸显了卓越的供应链设计、规划和运作的重要性。

一、供应链对综合型跨境电商平台的重要性

供应链对于综合型跨境电商平台起着关键的作用，全球速卖通的发展历程能很好地证明这一点。初期，全球速卖通的目标市场在欧美地区，这主要基于以下几点考虑：首先，中国与欧美国家的贸易关系密切，欧美的买家习惯于采购中国的商品；其次，受金融危机的影响，欧美买家趋向于采用碎片化的采购模式，而全球速卖通恰好可以满足他们小批量、多频次的采购需求；最后，英语网站的筹建相对简单，并且可以覆盖欧美的绝大部分国家。然而，在实际运营过程中，全球速卖通发现，越来越多的买家来自俄罗斯、巴西等新兴市场国家。经过深入分析，全球速卖通发现新兴市场国家工业基础较弱，需要大量购买外国商品；而且这些国家的线下商品流通不充分，线上电商零售也不够成熟。所以，全球速卖通瞄准新兴市场的消费群体，加大在这些国家的市场推广力度，并且推出了俄语和西班牙语版本的网站。这样，通过精准的市场定位，全球速卖通不仅成功避开了与 eBay 和亚马逊等电商巨头的正面竞争，还迅速成长为一个优秀的 B2C 跨境电商平台。

根据对市场的预判和对目标消费者群体的深刻洞察，全球速卖通进行了必要的供应链调整，实现了从小型在线外贸批发平台到海外购物平台的跨越，即从 B2B 模式成功转型为 B2C 模式，这一转型具有较高的前瞻性和战略眼光。这两种模式的区别如下。在小型在线外贸批发平台的供应链中，采取的是 B2B 模式。具体而言，国内的工厂或批发商将商品出售给国外的批发商或零售商，再由后者销售给最终的海外消费者。相较之下，海外购物平台的供应链采取的是 B2C 模式，即国内的工厂或批发商直接将商品销售给国外的消费者。由此可见，海外购物平台的供应链省去了"将商品出售给国外批发商或零售商"的环节，使得终端消费者能够直接购买到中国工厂或批发商的商品。全球速卖通利用其卓越的供应链设计、周密的计划和高效的运作，在全球范围内获得了巨大的成功，成为跨境电商平台的佼佼者。

二、供应链对跨境电商实体企业的重要性

供应链在跨境电商实体企业中扮演着举足轻重的角色，苹果公司的成功证明了供应链的重要性。在库克成为苹果公司的一员之初，该公司供应链的运

作效率较为低下。以其主打产品——计算机为例，零部件的供应商主要位于亚洲，而组装厂商却在爱尔兰，此外还存在着大量的库存。当时的供应链是这样运作的：从亚洲购买原材料，然后运送到欧洲的加工厂进行加工和组装，最后运回亚洲进行销售。这样的供应链运作成本高昂，效率低下。为了解决这个问题，库克对苹果的供应链进行了调整和优化，如他关闭了美国和爱尔兰的生产设施，转而采用亚洲的合同制造商。通过这些措施，苹果的利润显著提升，供应链的效率和灵活性也得到了极大的改善。

小米公司的成功，也能证明供应链的重要性。短短几年，小米成长为中国大型互联网公司，仅次于腾讯、阿里巴巴、百度，而且在2014年已成功进入七个国家和地区。如此短暂的成长时间和激烈的市场竞争，使得小米的成功更显难能可贵。那么，是什么原因让小米在这样的市场环境中脱颖而出呢？其供应链模式的创新，无疑是重要因素之一。小米采取了C2B的预售模式，有效实现了零库存管理。对于众多跨境电商来说，高库存一直是一个难以解决的问题，它既影响了企业的发展，也对企业的生存产生了严重威胁。当企业供应链管理不善，上下游协调不畅，不能快速响应市场变化时，就容易导致高库存，进而降低企业资金的周转率和使用效率，影响企业的产品更新和销售，最终导致资金问题加剧，甚至陷入亏损。

小米公司的成功，不仅体现在其创新的C2B预售模式上，还体现在其精简高效的供应链管理上。传统手机公司的供应链包括研发组、供应商、代工工厂、核心企业、一级代理商、二级代理商、终端代理商和顾客等多个环节，这样既增加了产品的流通环节，也使得产品的经营成本随之增加。与之不同的是，小米公司的供应链只涉及研发组、供应商、代工工厂、核心企业和顾客等几个环节。小米公司的供应链比较精简，这显著降低了其经营成本，为其带来了更多的收益。随着中间环节的消失，产品的显性成本有所减少，这使得产品的售价有更大的下降空间。另外，供应链的简化也降低了管理的隐性成本，使得供应链管理变得更加简单和高效。由于没有过多的中间代理商和流转环节，小米公司可以更好地控制产品的质量和成本，更好地满足市场需求。

小米公司的供应链模式提高了其市场竞争力，使其在竞争激烈的市场环境中脱颖而出，赢得了消费者的认可和喜爱。这样的供应链模式值得其他跨境电商企业学习和借鉴。

三、供应链对跨境社区电商的重要性

跨境社区电商模式将全球市场的多样性和本地社区的便利性结合起来，这种商业模式为消费者提供了更多样化的产品和服务，它的成功依赖于高效和灵活的供应链管理。供应链的每一个环节，从供应商的选择到物流的安排，再到客户服务的提供，都需要精确的协调和无缝的执行。一个稳固的供应链可以应对不确定性因素，确保产品及时交付，并且能够在供需波动或政治变化的情况下保持稳定。跨境社区电商的供应链既需要考虑成本和效率，又要注重灵活性和适应性，以应对跨国运作中的文化、法律和经济差异。

在构建供应链时，跨境社区电商需要制定一套完整的流程，确保从生产到配送的每个环节都高效且无误差，包括精准的需求预测、合理的库存管理、高效的物流规划和应急策略。精确的需求预测可以最大限度地减少库存积压和缺货情况，确保资源的有效使用和成本的最小化。同时，有效的风险管理策略能够保障供应链在面对突发事件时的稳定性和连续性。跨境社区电商要特别注意文化差异、关税政策和国际贸易法规对供应链的影响，只有当这些因素得到充分考量并融入供应链设计中，才能确保整个供应链的顺畅运作，进而使跨境社区电商具有核心竞争力。

第三节　跨境电商的供应链战略

一、概述

跨境电商供应链战略是对全球供应链的整体性规划，要明确原材料的采购和运输、产品的制作或服务的提供以及产品的配送和售后服务的具体方式和特点。这种战略突破了只关注企业内部的局限，通过对整个供应链的规划，为企业赢得竞争优势。跨境电商供应链战略管理的核心并不是企业提供的产品或服务自身带来的竞争优势，而是整个供应链创造的价值为企业带来的竞争优势。

跨境电商供应链的终极目标应该是整个供应链价值最大化，即追求整个供应链剩余价值最大化。跨境电商供应链剩余价值是指最终产品对顾客的价值和

为满足顾客需求所产生的供应链成本之间的差值。它由两部分构成：一部分是消费者剩余，即产品对顾客的价值和顾客实际支付价格的差额；另一部分是供应链盈余，即顾客支付的价格和供应链成本之间的差额。对于主要以盈利为目的的供应链而言，供应链盈余和利润之间有很强的关联性，故供应链的成功与总体盈利有关。供应链总体盈利越高，供应链就越成功。过分追求单个环节的盈利往往会导致整个供应链利润的减少。

跨境电商供应链的收入来源主要是消费者，其余环节的现金流动都是供应链内部的资金交换或者内部资源的重新配置，所以，跨境电商供应链战略要使供应链剩余价值最大化。要想提高供应链的剩余价值，需要从以下两个方面入手：第一，提升产品对于顾客的价值；第二，从消费者支付的价格中获得更高的剩余，这部分剩余是消费者支付的价格与供应链总成本的差额。要想从消费者支付的价格中获取更多的收入，就必须控制成本。

二、分类

跨境电商供应链战略通常涉及不同的层次（层次论、动力论、标的论），包含不同的驱动力机制，并追求不同的战略目标，具体如图3-1所示。

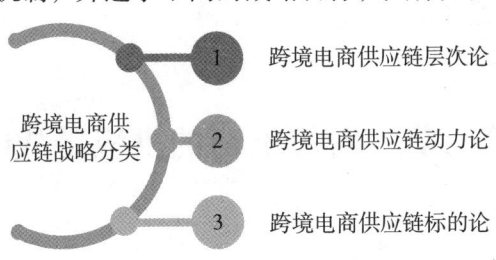

图3-1 跨境电商供应链战略分类

（一）跨境电商供应链层次论

要想实现成功的跨境电商供应链管理，首先需要对与信息流、产品流和资金流相关的各项决策进行规划。这些决策根据其战略重要性和影响的时间跨度，可以划分为三个层次，分别是供应链的全局设计、经营计划和具体运作。

1. 跨境电商供应链全局设计

在全局设计阶段，企业必须进行一系列供应链决策。它不仅涉及生产力布局、仓储能力及其地理位置，还包括产品在全球范围内的制造与存储策略，运输模式的选择，及其对时间、成本和可靠性的影响评估。此外，企业还需考虑采用何种信息技术系统来促进数据的准确流动与高效处理，确保供应链在快速变化的市场需求和复杂的国际贸易环境中保持灵活性和快速响应性。有效的全局设计能使供应链结构支撑企业战略目标，并使企业获得一定的竞争优势。

2. 跨境电商供应链经营计划

跨境电商供应链的经营计划是确保供应链有效运作的蓝图。在此阶段，企业需制定一系列短期操作策略，这些策略必须符合既定的长期战略。企业应对市场需求进行预测，以此为基础规划产品流和信息流，确定各生产基地如何满足不同市场的需求，包括选择适当的产品组合，平衡客户满意度与成本控制。随后，企业需要决定各个地区的库存水平，考虑制造过程的外包可能性，以及是否在特定地区集中或分散库存，从而提高效率。

在具体的供应链管理实践中，补货和库存策略是关键要素，企业需要建立有效的库存控制机制，设定合理的备货点，以维持供应链的连续性和降低货物短缺风险。补货策略要能够快速响应市场的变化，还需考虑如何通过促销活动或定价策略来调节市场需求。促销的时间选择和规模设定对于库存和物流都有重要影响，所以需要精心规划，以优化库存周转，减少资金占用，提升整个供应链的运作效率。这些策略的最终目标是提高供应链的敏捷性、适应性和成本效益，以促使跨境电商在竞争激烈的市场中占据一席之地。

3. 跨境电商供应链具体运作

这一阶段的决策通常以"周"或"天"为单位。此时，企业的供应链操作团队需要在计划指导下进行动态管理，如订单处理、库存分配、生产调度和运输安排。订单一旦接收，团队便需确认库存，评估是否可以直接满足需求或是否需要立即生产。

另外，供应链的物流执行决策在这一阶段也很关键，确定订单完成的日期后，需要生成提货单，并确定运输方式与交付方法。制订详尽的交货时间表并及时下达补货订单至关重要，这能够确保产品按时交付至客户手中，并使库存保持在最佳水平。这一切都需要在需求不确定性较小的情况下进行。这意味着供应链操作团队需要充分利用市场数据、客户反馈和先进的预测工具来优化运作决策，使得整个供应链能够在既定的配置和计划框架内运行得更加顺畅和高效。这种精确的供应链运作，可以有效确保订单准时交付，提升整个供应链的效率和客户满意度。

（二）跨境电商供应链动力论

跨境电商供应链根据其动力来源的不同，可划分为推动式供应链、拉动式供应链和推拉混合式供应链。

1. 推动式供应链

推动式供应链的核心在于对市场需求的预测，它要求制造商能够通过对历史数据的分析、市场趋势的观察以及消费行为的研究，预测出未来一段时间内产品的需求量。基于这些预测，企业安排生产计划和库存，尽可能地减少交货时间和成本。在这一模式下，制造商生产的产品量，以及何时将产品推向市场，完全取决于对市场需求的预测结果。如果制造商预测准确，能够及时满足市场需求，控制库存成本，提高利润率；如果制造商预测失误，就可能导致产品滞销或缺货，影响企业的盈利能力和市场地位。

推动式供应链面临的挑战在于市场的不确定性。制造商的预测不可能总是准确无误，市场的突发事件或消费者偏好的变化都可能导致需求预测的偏差。预测过低时，产品供不应求，企业可能会丧失市场份额；而预测过高则可能导致库存过剩，增加仓储成本，甚至需要打折处理积压商品，这样会影响利润。因此，推动式供应链要求企业在预测方法上不断创新，提高预测的精度，并在供应链管理中灵活应对预测误差，以实现对市场需求的快速响应和风险的最小化。

2. 拉动式供应链

拉动式供应链建立在企业接到订单的基础上，基于订单信息对产品进行生产，所以也被称为客户导向型或订单导向型供应链。这一模式的特点是，企业接到客户订单后，便根据订单的要求展开一系列工作。这是一种以销定产的模式，重心在于吸引客户，并以客户需求为主导，进行产品生产、采购、外包等活动。此种模式的供应链为企业提供了市场控制力，使其能够更好地适应多变的市场环境，也使企业运营达到一种良好的状态。

在实际的跨境电商运营中,由于企业往往无法在接到订单后即刻组织生产和配送,所以完全采用拉动式供应链的情况较少,但在定制模式的供应链中,拉动式供应链能发挥其优势。在选择供应链战略时,企业除了需要考虑来自需求端的不确定性问题外,还需要考虑企业自身的生产和分销规模经济的重要性。一般来说,当需求不确定性较高时,企业更倾向于采用实际需求管理的供应链模式,即拉动式供应链;当需求不确定性较低时,企业更倾向于采用基于长期预测的供应链模式,即推动式供应链。

3. 推拉混合式供应链

推动式供应链和拉动式供应链在实际应用中有各自的优势和局限性。在实际运作中,企业通常会将这两种模式相结合,形成一种新的模式——推拉混合式供应链。其能最大限度地发挥这两种模式的优点,还能规避这两种模式的缺点。

具体到操作层面,企业可以将客户需求作为分水岭,分别采用推动式和拉动式的供应链运作模式。在分界点之前,企业依据需求预测组织生产,实现规模经济;在分界点之后,企业将产品的分级、加工、包装及配送等环节延迟执行,等到获取了客户的需求信息并收到订单后,再根据实际的订单信息,迅速对产品进行分级、加工、包装,最终形成符合客户定制要求的产品,实现对客户需求的快速而有效的响应。举个例子,一家生产 T 恤的企业可以先按照推动式的模式对产品进行大规模的生产,但不对衣服进行染色,待接到客户订单后,再按照拉动式的模式进行染色。

分界点的位置是可以根据实际情况进行调整的。当分界点向供应链的上游方向移动时,客户的需求信息较早地被引入生产过程中,产品的同质化生产阶段相应缩短,由此扩大了按订单开展生产供应活动的范围。相反,若分界点向供应链的下游方向移动,则产品的个性化培育时间会被推迟,由此延长了规模化生产的时段。在实际操作过程中,分界点的位置通常是对产品生产的特点和市场需求的特性等因素综合考虑后确定的。

(三)跨境电商供应链标的论

按产品的生命周期、需求的稳定程度和可预测程度,将产品划分为功能型产品和创新型产品。功能型产品是在众多零售店内可购得的基础商品,其主要特点在于能满足基本需求，需求稳定且具有可预测性，产品的生命周期较长，但这种稳定性导致了市场竞争的激烈，进一步导致利润的降低。而创新型产品主要指为满足特殊需求而生产的产品，其主要特点在于企业通过在产品样式或技术上的创新来满足顾客的特殊需求。虽然创新型产品能为企业带来较高的利润，但其新颖性使得需求变得难以预测，并且这类产品的生命周期通常较短。

根据以上两类产品，可将供应链战略分为效率型供应链战略和响应型供应链战略。

1. 效率型供应链战略

效率型供应链战略专注于成本控制，旨在通过提高操作效率来降低整体成本。在此战略中，企业通过优化生产流程，以最低的原材料成本生产出产品。这一点在功能型产品的生产中尤为重要，因为这类产品通常面临着激烈的成本竞争。由于功能型产品的需求稳定且可预测，所以生产计划可以根据预测的市场需求来安排，减少了紧急订单对生产系统的冲击，降低了加急处理和存货成本。企业也可以采取批量购买原材料、优化生产批次、共用生产线等措施来进一步降低成本。在供应链的运输环节，效率是关键，企业会选择成本效益最高的运输方式，如集装箱运输。

在生产效率的推动下，企业追求的是供应链存货的最小化和生产效率的最大化。通过精细化的库存管理，企业能够减少资金占用和仓储成本，并通过精益生产方法来确保生产的灵活性。这样既提高了资源的利用效率，又降低了过剩生产和库存积压的风险。生产效率的提高也有助于企业更快速地响应市场变化，快速交付产品，满足客户需求。效率型供应链战略的实施需要跨部门的协作和信息共享，确保供应链上每个环节都能对市场动态作出及时反应，实现整个供应链的协同效应。

2. 响应型供应链战略

响应型供应链战略在当今快速变化的市场中至关重要。该战略尤其适用于创新型产品，如时尚、科技产品。这类产品的市场需求不确定且变化迅速。对于这种类型的产品，企业的主要挑战在于迅速捕捉并响应市场需求的变化。在这一战略下，企业必须确保供应链的敏捷性，以适应需求的波动和产品生命周期的短暂性。例如，时尚领域跨境电商企业成功与否，很大程度上取决于能否在趋势初现时迅速推出产品，并在仿制品泛滥之前占据市场。为此，供应链必须具备高效的信息流通机制，以便在需求出现时迅速补充库存，或调整生产，以适应市场变化。

为了提高敏捷性，供应链的设计必须注重灵活性和速度，而非传统的成本最优化。快速响应市场变化的能力比降低运作成本更为重要。在响应型供应链中，快速市场反应通常需要较高的库存，以保证产品的可用性，也需要能够迅速调整生产计划的能力，以应对需求的突然波动。此外，该供应链还依赖于灵活的制造设施和多样化的供应商网络，以便在需要时快速切换生产线或采购渠道。虽然这种战略可能需要更高的单位成本，但在市场竞争尤为激烈、产品生命周期短暂的情况下，能够快速占领市场并实现盈利，最终带来的利润往往远超成本增加的部分。所以，响应型供应链战略对于那些处于快速变化市场中的企业来说，是一种确保其竞争力的有效战略。

三、出口供应链管理战略

（一）出口供应链发展现状

1. 线下出口与线上电商相互结合

当下，中国外贸出口模式主要分为传统线下出口模式和线上跨境电商模式。由于消费模式的变革，传统线下出口模式已经不足以满足进口商和海外消费者的个性化需求。相比之下，国内跨境电商平台能够利用互联网技术和国际物流资源，直接与终端消费者建立连接，能够更好地满足客户的碎片化消费需求，迅速开拓新的出口市场。随着"互联网+"概念不断深入人心，跨境电商在更为有利的环境下蓬勃发展，打破了传统线下出口贸易所面临的时间和空间的限制。通过线上平台的推广和宣传，商品的交易变得更为便捷，甚至有机会进入传统出口贸易所不涉及的国家和地区。可以说，跨境电商的快速发展为中国实现线下出口与线上电商的深度融合奠定了坚实的基础。

2. 跨境电商国内外联系密度加大

ECI 指数（E-Commerce Connectivity Index between China and Major Economies）指衡量中国与主要经济体跨境电商连接指数。ECI 指数越高，说明中国与世界主要经济体之间跨境电子商务联系越紧密。这不仅体现在交易规模的扩大上，还体现在市场渗透和连接的紧密度提升上。跨境电商的兴起为中国产品打入国际市场提供了新渠道，特别是在发达国家市场中。这些国家通常具备完善的电子商务基础设施、高消费力的客户群体以及对中国产品的需求，故而成为中国跨境电商的重要目的地。随着电商平台的普及和线上支付技术的发展，中国商家能够更加便捷地接触到国际消费者，国际消费者也能更容易地获取中国制造的产品，这促进了传统贸易模式的逐步变革。

跨境电商的发展还显著优化了传统出口供应链的运营渠道，提高了贸易的效率和灵活性。在线平台的利用降低了市场准入的门槛，允许中小企业直接参与国际交易，这些企业过去可能因为资源限制而难以出口。电商平台提供的数据分析工具也能帮助商家更好地理解国际市场的需求，从而快速调整销售策略，以满足目标市场的特定需求。电商物流解决方案的创新，如海外仓储、一站式清关服务等，都极大地提升了物流配送的效率，加强了进出口贸易的联系。这种新型的贸易模式既增强了供应链的韧性，也提供了市场拓展机会，为中国企业走向世界舞台搭建了桥梁。通过这种模式，中国与世界主要经济体之间的跨境电商联系将更加紧密，有利于共同推动全球贸易的发展。

（二）出口供应链的优化

要想提升跨境电商的物流流通效率，充分发挥"互联网+"的技术优势，优化物流发展模式至关重要。政府需要增加对跨境电商新兴业态发展的政策支持，及时更新跨境电商物流方面的法律法规，并投入更多资金来改善物流基础设施，营造良好的法治环境，促进跨境电商的发展。对于传统物流运营模式，需要改革创新，可以利用保税物流的优势，设立跨境电商保税仓库，打造仓储中心，实现集中采购和运输，从而缓解物流压力，进一步降低商品的价格。同时，应加快跨境电商物流园区的建设，加强通关监管，提供更多的金融服务政策扶持，吸引像阿里巴巴和递四方这样的跨境电商和物流企业入驻物流园区，提升物流园区的集聚效应，帮助跨境物流企业扩大发展规模，推动物流产业链的形成，提高物流流通的效率。此外，还应提升物流信息化的建设水平，升级物流服务，增加基础设施信息化和现代化的投资，建立多层次的物流网络，满足不同的配送要求，提升储存、分拣、运输和配送的水平，适应跨境物流市场的发展环境，进而提高消费者的满意度。

1. 提升出口供应链的监管效率

相关的法律法规需要不断完善，并充分利用"互联网+"的优势，改革通关的运作模式，提高货物通关的速度。第一，与跨境电商相关的法律法规要不断更新，促使跨境电商运营规范化，通过创新型的监管模式来提升监管效率。第二，要创建新型的通关模式，推动跨境电商通关程序标准化和统一化，建立完善的跨国贸易零售企业认证和监管体系，简化出口申报、查验和放行等程序，开发跨境通关电子管理系统，消除海关、质检、物流和支付的障碍，实现跨境电商交易、仓储、物流和通关监管执法的自动化。第三，加强清关的专业化建设，提升设备的信息化水平，实现"电子报关，无纸化通关"的全覆盖，节省报关时间，提高通关效率。

2. 创造良好的出口供应链资金流通环境

支付是出口供应链的核心环节，其安全性必须得到加强。第三方支付平台的注册认证和监管需要严格遵循相关法律法规，建立适用于支付平台的检验审核、认证体系，为企业和个人的资金信息提供安全保障；要确保第三方支付平台系统的安全性和稳定性，增加第三方支付的可信度；第三方支付平台也应不断完善会员实名认证体系，保障会员信息的真实性和可靠性，定期更新安全系统，确保第三方支付平台信息的安全性。同时，应当优化备付金的管理机制，以保障第三方支付平台用户的利益。例如，金融部门可以允许第三方支付平台设立专用的备付金账户，并对备付金进行分类管理，第三方支付平台应迅速建立相应的备付金风险基金体系，积极应对支付不足、风险支付等状况，防范资金和信息安全风险。此外，还需要增强各参与主体的协作力度，以提高支付平台的安全性。例如，在政府层面，应通过出台或完善相关法律法规和政策制度，加强对支付平台的监管，同时严厉打击违法犯罪行为；在金融层面，金融部门应努力完善管理机制，提升第三方支付平台的安全度，利用数据库加密、身份识别、杀毒系统、防火墙等技术手段，构建安全的第三方支付系统。

3. 健全出口供应链信用体系

积极借助大数据、云计算等前沿技术，不断优化跨境电商企业的信用体系建设。一方面，通过运用大数据技术，完善目前的信用体系，构建一个全面的信用评估系统，提升信用评级的准确性和效果。例如，可以通过第三方征信机构的协助，收集并整理跨境电商平台上商家和消费者的交易信息，如商家的经营信誉、发货速度、交易评价、退货率等，建立一个涵盖商家和消费者的信用数据库，确立相应的信用等级，以此保障交易双方的合法权益。另一方面，应当加快构建跨境电商的质量认证体系，通过引入第三方质量评估机构，对入驻跨境电商平台的商家进行全面的评估和等级划分，强化对入驻商家的监管力度，推动商家不断优化经营行为，有效保障消费者的合法权益。

四、进口供应链管理战略

（一）解决产品质量问题

随着税改新政的落地，跨境电商行业面临一次全面的洗牌，此举的目的在于整顿市场，规范企业行为。在新政发布之前，部分企业利用跨境电商政策的漏洞，采取低价策略来吸引消费者，依此扩大市场规模和流量，以期获得融资。这种模式虽然在短期内创造了销量，但带来了产品同质化严重、质量参差不齐的问题。市场上充斥着不少品质不佳的跨境进口商品，损害了消费者的利益，也影响了整个行业的健康发展。

对此，跨境电商企业应主动寻求与专业的跨境供应链服务公司的合作。这样，跨境电商企业能够确保产品原产地的可追溯性，保障每一环节（从源头生产到代理商，再到海关、保税区和商检）都在系统和数据监控之下，让消费者能够清晰地看到产品的流通路径。这样能够确保产品的正品性，极大地提升了消费者对企业的信任度及购物体验。从长远看，这样既能让企业适应监管趋严的大环境，也能提升企业自身的市场竞争力，为企业赢得更稳定的消费群体和市场份额。

（二）确保产品运输的时效性

对于跨境电商企业尤其是中小型企业来说，产品运输的时效性是一项挑战。相比之下，大型企业得益于自身健全的采购体系和内部完整的清关、报关流程，能够显著缩短物流时间。这种效率上的差异直接影响了不同规模企业在市场中的表现和消费者对品牌的忠诚度。

为了在激烈的市场竞争中站稳脚跟，无论是进口还是出口的跨境电商，都必须不断探索和优化其物流系统。在实践中，一些企业通过在保税仓中建立自己的跨境物流体系，有效提升了物流效率。未来，跨境电商应更加注重物流水平的提升，探索更加高效的物流路径和方法，以解决运输时效性问题，提升整体物流效率，更好地满足日益增长的市场需求。

第四节　跨境电商供应链战略与竞争战略关联

一、供应链与竞争优势

企业的价值链从新产品的开发开始，设计各式各样的产品规格。市场营销部门通过宣传产品的特性和服务水平，吸引消费者，并将消费者的喜好反馈给产品研发部门。生产部门应用最新技术，将投入转化为产出，制造出符合市场需求的产品。服务部门则负责满足顾客在购物过程中或购物之后的各种需求。这些都涉及供应链管理，供应链管理的重要性不言而喻，它在供应、运营和物流等方面对竞争优势的贡献尤为显著。对于供应链战略来说，可分为三部分，分别为供应战略、运营战略和物流战略。

（一）供应战略与竞争战略

供应战略是企业在现代供应理念的指导下，为达成其战略目标而制定的一系列长期规划和策略，它在供应管理中占据核心位置，确立了供应链规划的中心思想和行动准则。在制定供应战略时，企业必须进行细致的供应环境分析，确保所制定战略能够覆盖各个管理层次的关键内容，并与企业的长期竞争战略相协调。这一过程涉及对多种因素的权衡，需要精心挑选重点领域，并在确定战略后，确保各层级的供应规划与该战略相符。

供应管理理念是对供应战略的精炼与概括，以简洁的方式揭示了供应战略的核心要义。供应管理目标是将战略的宽泛指导转化为具体可行的量化目标，进而为实施战略提供明确的方向。供应管理策略进一步深化了供应战略，将其拓展到企业的各个局部或方面，为每个具体环节提供了战略指导。行动方案是对战略、目标和策略的具体落实，它们是实现供应战略的具体行动指南，确保战略得以有效执行,以实现企业的总体战略目标。通过这样的层层深化和具体化,企业能够确保供应链管理的效率和效果,从而在激烈的市场竞争中保持竞争优势。

(二)运营战略与竞争战略

运营战略作为运营管理的重要组成部分,旨在明确企业在总体经营战略框架下,如何运用运营管理活动来达成其战略目标。这一过程可以理解为一种调整,即调整运营管理的目标,使其与整个组织的目标相协调。运营战略涵盖了对运营管理过程和运营管理系统基本问题的根本性规划,包括产品的选择、工厂的选址、设施的布局、生产运营的组织形式以及竞争优势的要素等。

运营战略主要服务于企业的总体战略目标。运营战略的性质是对上述问题进行系统的规划,包括制定生产运营过程和生产运营系统的长期目标、发展方向、基本行动方针、基本原则和步骤等一系列指导思想和决策原则。通过这一过程,企业可以更有效地实现其总体战略目标,最终实现组织的可持续发展。

(三)物流战略与竞争战略

物流战略是基于实现物流的可持续发展而制定的长远性和全局性规划,它涉及物流发展目标的设定以及实现这些目标的路径和方法。随着时间的推移,高标准的物流服务,如多频次、小批量运输或实时运输将逐渐成为主流,并成为物流运营的标准。制定物流战略的意义主要体现在以下三个方面:

1. 降低系统成本

将企业或企业集群视作一个完整的系统,物流战略便是这一系统的动脉,其重点不应仅仅放在最小化个别环节的成本上,而是应致力于实现整个系统成本的最小化。这种系统化的成本观念要求战略规划者忽视单个企业的局部利益,从宏观的角度审视供应链的每一个环节,评估和提升整个链条的成本效益。对物流过程中的采购、存储、运输、分发等环节的综合考量,可以发现并抓住成本控制的潜在机会。

为实现系统成本最小化的目标,应加强各成员单位的协同合作,如通过物流战略推动企业内部各部门乃至企业之间协调合作,建立起一种共赢的合作模式。合作的模式使得资源共享、信息流通和协同工作成为可能,而这些因素都是降低系统总成本的关键。此外，共享物流资源，如共同利用配送中心或运输网络，可以实现规模经济，进一步降低成本。成员间的紧密合作还能加快响应速度，提高整个系统的效率，这种效率的提升最终将转化为成本的降低。

2. 提升反应速度

企业间的协同反应除涉及单个企业的敏捷性外，还涵盖整个供应链的协调能力，这直接影响资金流、信息流和产品流的运转效率。高效的协同反应能够加速整个供应链的运作，能够更快地响应市场变化和客户需求。信息技术在这方面发挥着至关重要的作用，如实时数据共享和处理系统可以帮助企业更快地捕捉市场信号，及时调整生产计划和库存管理，这样可以增强企业服务客户的能力，并为客户提供更多的服务选择，提高客户满意度和企业的服务水平。

加快产品流通速度又带来了另一个重要利益，即减少库存成本。在传统的物流管理中，高库存量常被视作应对供应链不确定性的必要手段，但这会产生高昂的存货成本。通过提升反应速度，企业能够实行更加精细化的库存管理策略，如采用准时生产（JIT）和精益库存等方法，以减少不必要的库存，降低整体的运营成本。由此一来，不仅能增加资金流的灵活性，还能提高资金的使用效率。

3. 创造增值服务

随着系统成本的降低，系统内各个成员所获得的价值得以增加。除了快速响应带来的时间价值，成本的减少也为企业创造了向客户提供更多增值服务的良好条件。以京东为例，作为中国领先的电子商务公司，京东之所以能够取得骄人的成绩，与其优质的物流服务是分不开的，京东的物流服务水平在业界处于领先地位，并且已经成为其极具竞争力的优势之一。

二、供应链战略与竞争战略的匹配

要想实现供应链战略与竞争战略的一致性，需要企业的供应链战略与竞争战略共同指向相同的目标，即在满足客户需求的同时，提升供应链的综合能力。要达到这种战略的一致性，企业需要满足以下三个条件：一是竞争战略需要与各个职能战略相匹配，形成一个协调统一的战略，每个职能战略都应该为实现企业的竞争目标提供支持；二是企业内部的各个职能部门需要合理配置自己的资源，确保能够顺利执行各个战略；三是供应链的整体设计和每个环节的功能需要协调一致，以便有效支持供应链战略的实施。

竞争战略会明确企业希望满足的客户群体的需求，而供应链战略涉及原材料的获取、产品的生产或服务的提供，以及产品的配送和售后服务等方面。为了确保供应链战略与竞争战略的一致性，企业需要确保其供应链的综合能力能够支持其满足目标客户群体的需求。一般来说，企业需要完成以下三项工作，具体内容如图 3-2 所示。

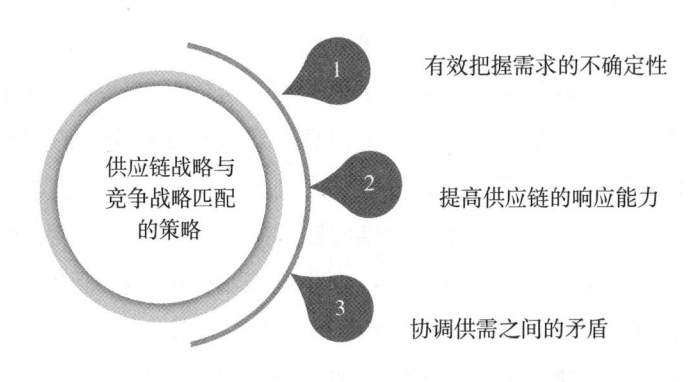

图 3-2　供应链战略与竞争战略匹配的策略

（一）有效把握需求的不确定性

要成功地满足目标客户群体的需求，企业首先需要清楚了解这些客户群体的具体需求，以及在满足这些需求的过程中，供应链可能遇到的各种不确定性。客户群体的需求是决定供应链服务水平和成本类型的关键因素，而供应链的不确定性涉及供应链可能面临的需求波动、中断和延误等不可预测的风险。对于任何一家企业而言，其竞争的核心都是满足客户的需求。对于跨境电商这种直接与国外消费者打交道的企业来说，准确把握终端客户的需求尤为重要。所以，企业需要对客户需求进行预测，以便更好地满足客户的需求，降低供应链的不确定性。

对于客户需求的预测，可以从以下五个方面来考虑：

1. 产品的价格

通常来说，产品的价格越高，其需求的不确定性就越大。这是因为随着产品单价在消费者可支配收入中所占的比重增加，消费者对该产品的关注度也会相应提高，对产品的要求也会提高，进而导致需求的不确定性增加。

2. 单次购买产品的数量

单个消费者的订单量通常较小，而企业或大型组织的订单量通常较大，如一个消费者只需购买1台电脑就能满足其需求，而某企业或组织可能需要购买100台电脑才能满足其需求。随着订单中所需产品数量的增加，需求的不确定性也会随之增加，因为更大的需求量意味着更大的需求波动。

3. 产品种类的丰富程度

一般来说，产品种类越丰富，客户对产品的需求越多，从而导致需求的不确定性增加。以时尚品牌为例，如果一家商店只提供一款时装，那么它面临的不确定性通常较小，因为其产品种类单一，面对的消费群体也相对单一，需求的不确定性较低。相反，如果一家商店提供多款时装，那么它面临的不确定性通常较大，因为其产品种类繁多，需求的不确定性也相应增加。

4. 产品更新换代的速度

企业在面临市场竞争的过程中，需求的不确定性是不可忽视的因素，产品更新换代的速度是影响需求不确定性的重要因素之一。产品更新换代快意味着产品的生命周期短，这既增加了缺货的风险，也增加了需求的不确定性。在物质极大丰富的今天，当今流行的产品，明天可能就会面临被淘汰的风险，这无疑会增加需求的不确定性。

5. 所需的服务水平

服务水平可以指产品的可获得性，也可以指对产品质量的要求。对于紧急订单，客户通常会期望马上得到货，如果无法马上获得所需的零件，客户可能会转向其他卖家。面向紧急订单提供订货服务的企业所面临的需求不确定性通常较高，因为这类企业需要在较短的时间内完成订单。而有较长的供货期提供同样产品的企业有更多的时间来履行订单义务，其面临的需求不确定性较低。随着供应链服务水平的提升，实际需求的比例将逐渐增加，这就需要供应链为特定的需求高峰做好准备，所以服务水平的提升也会导致需求不确定性的增加。

（二）提高供应链的响应能力

在面对市场的不确定性和多变性时，企业需建立适宜的供应链战略，确保在多种条件下仍能实现设定的需求目标，进而达到战略匹配的效果。为此，需要对供应链的特性进行深入分析，并且考虑可能影响供应链响应能力与效率的各种因素。供应链的响应性是一个重要的维度，要想提高供应链的响应能力，企业要做到以下三点：

1. 增强需求的柔性

柔性是指企业在不同需求条件下的生产运作能力。对于处在激烈竞争环境中的制造企业来说，适应市场需求变化的能力尤为重要，柔性生产成为企业加强应变能力的一种有效方式。柔性生产不仅是一种生产方式，更是一种全新的制造理念，适合处理品种多、批量小、交货期严格的订单。

2. 缩短供货期

以 ZARA 为例，该品牌通过实行快速响应战略，在行业内巧妙应对消费者需求的不断变化，通过缩短供货期，使其出售的服装更符合消费者的口味，进而提升销售业绩。可见，供货期的缩短在满足消费者需求、提升市场竞争力方面起到了关键作用。

3. 对产品不断调整

随着全球化的推进，市场竞争日趋激烈，客户的需求逐渐变得多样化和个性化，这也导致企业竞争的核心逐渐转向如何更好地满足客户的需求。现如今，传统的大规模生产模式已难以适应复杂多变的市场需求，取而代之的是大规模定制和不断调整产品属性的生产方式，以迎合客户的多样化需求。例如苹果手机的发展历程。自 2007 年推出第一代 iPhone 起，苹果手机依靠其强大的 iOS 系统、创新的电容屏操作方式和精致的外观设计，成功击败了诺基亚等传统手机巨头，从一个奢侈品牌转为现如今的大众化品牌。此外，iPhone 每一代新品上市都会引起市场的巨大反响，不断刷新人们对手机的认识，也为各国的手机市场带来了重大的影响。由此可见，通过对产品的不断调整和更新换代，企业能够更好地满足客户的需求，从而提升市场竞争力。

当供应链具备增强需求的柔性、缩短供货期和对产品不断调整的能力时，其响应能力也会增强。然而，增强响应能力通常意味着会产生更高的成本。例如，为了增强对大幅变动的需求量的响应能力，生产能力和库存能力必须得到提升，这自然会产生更多的成本。这便引出了供应链效率的概念，供应链效率指的是制造和向客户交付产品的成本的倒数。换言之，成本的上升会导致供应链效率的下降。由此可见，每一个旨在增强响应能力的战略选择都会产生额外的成本，从而影响供应链效率。

一般而言，高成本与高响应能力是并存的，但是高成本所体现的效率水平较低。以缩短供货期为例，它需要频繁的补货，而频繁的补货势必增加额外的运输成本。所以增强供应链的响应能力往往是建立在增加成本的基础之上的。较低的成本通常与较低的响应能力相对应，但低成本所体现的效率水平较高。以生产计划需要提前数周甚至数月制订且产品种类单一的企业为例，其供应链效率通常较高，但对市场需求的响应能力相对较低。

（三）协调供需之间的矛盾

在这一环节中，要在高不确定性的环境下设定较高的响应能力，而在低不确定性的环境下设定较高的效率。以 ZARA 为例，该品牌的竞争战略着重于迅速满足消费者对于多样化和个性化服饰的需求。鉴于服饰种类丰富、风格多变，创新水平较高且交货迅速，以及消费者对服饰的需求存在较高的不确定性，ZARA 应该建立高响应能力的供应链，从而更好地满足消费者对于多样化服饰和快速交货的需求。

从上面的论述中可以得出结论：当客户和供应链的需求不确定性增加时，最佳方案是提升供应链的响应能力，以适应这一变化；相反，当客户和供应链的需求不确定性减少时，提升供应链的效率是最优策略，这就是所谓的战略匹配。在实现战略匹配的基础上，下一步就是为供应链的各个环节分配不同的角色，确保其各自的响应水平得到满足。需要指出的是，为供应链的各个环节分配不同的响应水平和效率水平，可以获得整条供应链所需的最佳响应水平或效率水平。

从以上例子可以看出，对供应链各环节的角色进行调整，可以使供应链获得最佳的响应水平。强化供应链某一环节的响应能力，能使其他环节更加专注提升效率。其最优组合取决于每个环节所能利用的柔性资源。例如，在一条包括供应商、制造商和零售商的供应链中，如果零售商承担了较多的不确定性，那么其必须具备较强的响应能力，而在这个过程中，制造商和供应商承担的不确定性较少，故他们需要保持高效的运营。相反，若制造商承担了更多的不确定性，那么它需要具备较强的响应能力，零售商和供应商则需要保持高效的运营。

要实现完整的战略匹配，企业需要确保所有职能战略都能够支持竞争战略。此外，供应链内的所有次级战略，如制造、库存和采购等，也应与供应链的响应水平保持一致。下面从注重效率的供应链和注重响应能力的供应链这两个角度来说明完整的战略匹配应该怎样实施。

对于更注重效率的供应链而言，首要目标是以最低的成本来满足需求。在这种情况下，产品设计战略应当侧重于如何以最低的产品成本取得最大的绩效，因为低价格通常是消费者的首要驱动因素，这要求通过降低产品成本来吸引消费者。制造战略应当侧重于通过提高设备的利用率来降低生产成本。库存战略应当侧重于降低库存水平，进而降低成本。交货期战略应当侧重于在不增加成本的前提下，尽量缩短交货期。供应商战略应当侧重于在成本和质量之间找到平衡点，选择合适的供应商。

对于更注重响应能力的供应链而言，首要目标是迅速响应市场的需求变化。在这种情况下，产品应当采用模块化的设计方式，这样可以更灵活地满足消费者的需求。定价战略应当侧重于提高边际收益，因为在这种情况下，价格通常不再是消费者的首要驱动因素。制造战略应当侧重于保持生产设备的柔性，以更好地应对供需的不确定性。库存战略应当侧重于持有适量的缓冲库存，以应对供需的不确定性。交货期战略应当侧重于缩短交货期。供应商战略应当以速度、柔性、可靠性和质量为主要考虑因素，选择合适的供应商。

三、定制的跨境电商供应链

之前主要讨论在企业服务于一个特定的细分市场时如何实现战略匹配，这种情况对于全球速卖通这样的电商平台是适用的，但是，有很多跨境电商平台通过多种渠道向客户提供多样化甚至是高度个性化的产品，这些企业也需要找到合适的方式来满足客户的需求。在这种情境下，通用型的供应链无法达到竞争目标，需要制定专门的供应链战略。例如，LOHO是一家销售眼镜的电商平台，从2011年进入内地市场至今，已经在北京、深圳、广州等地开设了上百家实体店，形成了线上预售和线下体验相结合的运营模式。LOHO取得显著的成绩，与其定制化的供应链是密不可分的。通过LOHO的平台，消费者可以提交自己的定制化需求，如镜框的颜色、款式，这是定制化供应链带来的优势。

红领西服的供应链模式是另一个典型的定制化供应链实例。为了吸引更多顾客并更好地满足其需求，红领西服推出了两条定制通道：一方面搭建了线上电子商务平台；另一方面则将洗衣店、裁缝店等产业链上下游各个环节整合在一起，形成了一个统一的线下网络，这使得顾客能够以多种方式提交自己的定制需求。在线上，顾客可以通过RCMTM（red collar made to measure）平台提供自己的身体测量数据，得到完全根据自己的身体特征定制的西装版型，而不是像传统方式那样根据固定的尺码选择标准版型。顾客还可以在网上选择自己喜欢的西装款式、面料，再通过一系列个性化设计，如刺绣、珠边设计等，组成完全个性化的定制版型。这些个性化的设计会通过3D模型实时展示，顾客可以随时进行增删和最终确定订单。在线下，顾客可以选择传统的人工测量方式，通过洗衣店、裁缝店和大型商场的加盟店等服务网络进行服装定制，并通过3D展示确定版型。所有收集到的顾客需求数据将被输入平台的数据库中，然后通过计算模型直接生成制作图纸，并根据所需物料向工厂下单。整个企业的运营和生产过程完全是基于消费者产生的数据来驱动的，真正实现了西装的个性化定制。

在以上所描述的例子中，销售产品和服务客户群体时有着不同的需求。面对这种情况，企业在制定供应链战略时的首要任务就是构建一个既能在需求不确定性较低时高效运作，又能在需求不确定性较高时展现出强大响应能力的供应链系统。通过对供应链的有效调整，企业能够在保持成熟稳定的产品和客户细分市场的低成本运作的同时，为那些快速发展的产品、客户细分市场和销售渠道提供所需的响应能力。

在供应链的定制化过程中，重要的一步是确保在供应链的某些环节可以与特定产品共享，而在其他环节保持独立运作。这种共享的目的在于，在达到最大效率的同时，为每个顾客群提供合适的响应水平。

合理设定推拉结合点也是满足定制化需求的关键。在顾客下订单前，可以采用推动式供应链，对半成品进行机械化生产；在顾客的定制需求确定后，再根据这些需求进行拉动式生产。以T恤的生产为例，可以将推拉结合点设在染色阶段，在顾客的颜色和字样需求确定之后，再进行染色或加工，以满足顾客的定制需求。这样，供应链既能保持高效的运作，也能灵活应对顾客的个性化需求，实现定制化的目标。

第四章　跨境电商物流管理数字化分析

第一节　跨境电商物流概述

一、物流的内涵

物流是连接供需两端的关键纽带，涵盖了物品和服务，以及相关信息在生产者与消费者之间的流动，其核心目标是在满足顾客需求的同时控制成本，通过有效的组织和管理，实现流程价值最大化。

第一，物流中不仅包含实体商品，还包含信息与服务的流动。物流管理不仅包括对物品的处理，还包括对信息的处理。

第二，物流是一个复杂的系统，由运输、储藏、包装、装卸、流通加工、信息处理等多个环节构成。为了达到预期的物流效果，要对这一流程进行优化。

第三，物流不仅注重单一环节，更注重各环节之间的协调与集成。例如，它不单单关注储存、运输等单一活动，更侧重于这些活动之间的相互配合。

第四，物流活动通常涉及商品和服务交易，这一交易可通过人员、地点、行为和信息的有机组合及协调来实现。这一过程囊括了顾客服务、运输、储存、信息处理等诸多操作，其终极目标是在满足顾客需求的同时，确保物流活动顺利进行。

二、物流和跨境电商的关系

物流和跨境电商的关系可以用图4-1来表示。

1 物流是跨境电商的保障

物流和跨境电商的关系

2 跨境电商发展为物流业带来机遇

3 物流是跨境电商发展的重要因素

图4-1 物流和跨境电商的关系

（一）物流是跨境电商的保障

跨境电商涉及的交易流程复杂且连续，包括但不限于交易的洽谈、合同的签订、商品的运输以及支付的完成。与传统国际贸易的操作不同，跨境电商业务在洽谈、签约和支付环节主要依靠网络平台完成，而在商品运输环节主要依靠线下的国际物流服务完成。在这个模式中，物流扮演着至关重要的角色，因为它直接关系到消费者的购物体验。物流服务的质量、效率和成本都是影响跨境电商成功的因素，物流服务中的任何疏忽都可能导致整个交易的失败。所以，可靠的物流服务是维系跨境电商生态的核心支柱。

（二）跨境电商发展为物流业带来机遇

在全球范围内，电子商务的快速发展已促使国际贸易乃至各国经济结构发生变革。跨境电商之所以能够颠覆传统贸易，是因为它在缩短交易链、提高效率、解决产能过剩问题以及推动外贸发展方面具有独特的优势。利用互联网，电商平台能实现信息的海量存储和实时共享。大数据技术的运用使得对消费者需求的精准捕捉和消费趋势的预测成为可能，同时支付方式日趋便利化，中小企业可以借此机遇实现蓬勃发展。跨境电商是面向全球市场的，连接着世界各地的生产者和消费者，其贸易优势已经得到了政府和商界的广泛认可，并得到了大力推广。跨境电商已经形成了从营销到支付的成熟模式，并且其产业链稳定，贸易流程透明，正在以迅猛的速度发展，因而物流业也迎来了前所未有的发展机会。

如今，跨境电商逐渐成为贸易和经济增长的新引擎。在此影响下，物流业务不再局限于传统的运输和配送，而是成为一个综合服务平台，提供包括仓储、配送、清关等在内的全方位解决方案。物流企业正在积极调整其业务模式，通过提高效率、降低成本和优化服务质量，来满足全球范围内日益增长的跨境电商需求。显然，跨境电商的兴起和发展推动了全球贸易的转型，也为物流行业带来了新的机遇和挑战，物流企业必须采取创新措施来适应这种变化，以确保在全球市场中具有竞争力。

（三）物流是跨境电商发展的重要因素

物流作为电子商务中不可或缺的组成部分，可以分解为四个步骤：产品的储存、分拣、包装和最终的运送。随着电商平台的兴起，消费者下订单的过程简化，产品从生产线到顾客手中的速度加快，显著减轻了企业的库存负担，也提高了对顾客需求的响应速度。这样既强化了物流在跨境电商中的地位，也提高了客户满意度。

物流的成本和时间直接影响着跨境电商的发展。在成本方面，由于涉及跨国运输，跨境电商的物流费用自然高于国内配送，而消费者对价格极为敏感，所以不合理的成本分配可能会成为跨境电商发展的障碍。另外，物流时间也是一大考量因素，时间的延长会影响消费者的服务评价和购物体验，还可能因汇率波动而对成本构成影响。

跨境电商在发展过程中面临着物流成本的挑战。例如，对于那些资金较为有限的中小型企业来说，昂贵的海外仓储和跨国运费成为其继续参与跨境电商的一大障碍。若物流费用持续居高不下，且缺乏政策层面的扶持，商家的盈利空间将不断缩小，进而影响到企业的长远发展。为应对这一问题，政府与企业应携手合作，一方面，政府需要放宽相关政策，提供更多的支持；另一方面，企业需加大技术投入，将地理定位、数据交换、条码识别等集成到物流管理体系之中。这样，企业的物流效率会提升，物流成本也会降低。此外，这样还能提升消费者对商品的整体评价，有利于进一步推动跨境电商快速发展。

三、跨境电商物流的概念

经济全球化、数字化以及信息技术的飞速进步推动了跨境电商的发展，使其成为中国对外贸易的重要组成部分，为中国企业开辟了更广阔的销售平台。交易量的不断攀升为跨境物流领域带来了巨大的市场机遇。跨境电商物流是指以跨境电商平台为基础的，在两个或两个以上的国家之间进行的物流服务。由于交易参与方跨越国界，所以需通过特定的跨境物流方法实现商品从生产地到消费地的空间转移。

具体到物流流程，跨境电商物流涵盖起始国的国内物流、国际物流环节和目标国的国内配送等三个环节。跨境电商所涉商品类型多样，通常采用小批量、高频次的运输模式，由于尺寸和重量差异显著，不同商品类别对运输和储存的需求也各不相同，故而要求物流企业提供从仓库到客户门口的一站式解决方案，确保各个物流环节的无缝对接。

四、跨境电商物流的特点

跨境电商物流既具有国内物流的普遍特性，又具有国际物流的特征，操作范围更加广泛，环节更为多样。不同国家和地区的运营环境存在差异，这增加了物流运营的复杂性。目前，只有少数企业能独立完成整个跨境电商物流流程，大多数企业依赖于多方合作和外部支持。这种跨国界的物流模式，使得跨境电商物流成为连接全球市场的纽带，但同时面临诸多挑战，这些挑战需要通过创新的物流策略、合理的资源整合以及国际合作的强化来应对，以实现全球范围内的商品流通。

五、跨境电商物流与传统物流的差异

跨境电商的兴起带来了物流领域的革新，因跨境电商生成的物流与传统物流有显著不同，主要体现在以下四方面：

（一）运营模式不同

传统物流采用"少品种、大批量、少批次、长周期"的运营模式，导致其服务呈现出固定化与单一性。相比之下，跨境电商物流采取"多品种、小批量、多批次、短周期"的运营模式，对物流服务提出了更高的标准。在跨境电商环境中，物流信息的及时更新和商品的迅速分拣及配送显得尤为关键，凸显出物流对快速响应的需求；而多样化的物流通道正契合了这种特殊需求。

（二）物流功能的附加价值不同

传统物流主要关注商品运输，没有物流附加价值；而跨境电商物流不仅能实现物品跨国界转移，还能实现提升消费者的物流体验和通过降低物流成本来提高产品价格竞争力的双重目标。

（三）物流服务的层次不同

传统物流主要提供"门到门""点到点"的服务；而跨境电商物流更强调资源的整合与全球化服务的实现，以满足分布广泛的全球客户群体的特殊需求。

（四）信息化和智能化的要求不同

与传统物流相比，跨境电商物流的信息化和智能化程度更高。传统物流流程相对静态，而跨境电商物流需要主动推送物流信息，允许客户实时监控，强调物流、信息流和资金流的无缝对接。这种模式要求利用信息技术优化整个物流流程，而物流服务商需开发更先进的信息系统，提供简便易用的操作平台，以达到跨境电商物流智能化的目标。

这些差异表明，跨境电商物流是对传统物流的扩展。对于跨境电商物流而言，物流服务商需要不断创新，整合全球资源，并利用先进的信息技术、数字化技术，以适应全球电商交易中的动态需求。

第二节　跨境电商物流模式

跨境电商物流是推动全球电商发展的核心动力，它的配送效率和质量直接关系到全球消费者的购物满意度。近年来，随着跨境电商的飞速发展，跨境电商物流也步入发展的黄金阶段，逐渐从单一模式转为多元化的运输体系，这一体系包括传统物流、海外仓储、边境仓储以及国际专线等多样化的物流模式。

一、国际邮政小包

在跨境电商物流多元化模式中，国际邮政小包是一种重要的物流模式。这一模式依托于全球邮政系统（中国邮政、新加坡邮政和比利时邮政等），通过个人邮包的形式来完成商品的跨国运输。得益于世界各地广泛分布的邮政网络以及国际邮政联盟等国际邮政组织，国际邮政小包的覆盖范围广泛，渠道众多。

国际邮政小包由于享有政府补贴，因此能够以较低的成本向消费者提供国际货运服务，并且通关效率较高。由于邮政系统的普及，国际邮政小包几乎能够到达全球各个角落。加之邮政操作平台多样化，使其成为跨境电商企业首选的物流模式。但国际邮政小包方式也有其不足之处，其中最主要的问题是其运输速度较慢，这使得国际邮政小包并不适宜运输那些需要快速配送的紧急货物。虽然存在这样的限制，但国际邮政小包因其广泛的覆盖范围和低廉的成本，依然是跨境电商物流中不可或缺的一部分。

二、国际快递

国际快递作为一种流行的物流方式，在国际电子商务活动中的使用率仅次于国际邮政小包，居于第二位。主要的国际快递服务供应商有 DHL、TNT、UPS 和 FedEx，这些公司已经在全球范围内建立了成熟的物流网络，几乎可以触达世界上所有关键地区。而中国的快递企业也在积极扩展跨境物流服务，对于推动该行业的进一步发展贡献显著。

国际快递最大的优势在于运输速度快，能为消费者提供即时的物流跟踪信息，且货物在运输过程中丢失的风险相对较低。例如，一件从中国发往美国的包裹，通过 FedEx 运输仅需 5 天时间，大大缩短了快递的运输周期。

国际快递的收费较为昂贵。例如，从中国寄送物品到美国可能需要花费 121 元人民币。而且，国际快递在运送物品的种类上也有限制，如含电池的商品或某些特殊商品无法通过快递运送，这限制了国际快递的应用范围。综合来看，国际快递更适合于那些对送达时间有严格要求、货物价值较高和利润空间大的商品。

（一）DHL

DHL是全球知名的物流公司，隶属于Deutsche Post DHL集团，公司名"DHL"来源于三位创始人的姓氏首字母。DHL的业务涵盖DHL快递、DHL全球货运以及DHL供应链管理等多个分支。以快捷和可靠著称的DHL，在美国和西欧地区的通关能力尤为出色。公司专注于提供物流解决方案和国际邮递服务，并拥有数以十万计的员工，为世界各地的客户提供服务。

（二）UPS

UPS于1907年成立，现在已经发展成为全球知名的物流公司，年收入高达数百亿美元。该公司将总部设在美国佐治亚州亚特兰大市，业务网点遍布全球二百二十多个国家和地区。

UPS公司利用其运输网络的优势，减少了运输途中可能出现的延误。其创造了所谓的"跑道边效应"，在机场周边搭建了物流中心，并与众多高科技公司建立了合作关系，为这些企业提供从仓储到配送甚至包括售后服务在内的全面解决方案。例如，UPS在路易斯维尔机场设有一个航空枢纽，每晚有90架飞机将在这里集结，每两分钟就有一架飞机起降，惠普（HP）公司每日都会空运受损的电脑到此，然后运送至机场旁的UPS物流中心进行修复，物流中心的日均维修量为800台，并确保这些电脑能在当天通过机场运出。

除了在物流服务方面的巨大投入，UPS也成为网络零售行业的强大支撑。以UPS与耐克的合作为例，UPS既负责储存耐克的鞋类和运动装备，也负责配送。当消费者在耐克网站上下单后，订单信息会自动同步到UPS系统中，然后相关人员会将商品装车并送往UPS分拨中心，之后再送到消费者手中。

UPS不仅是世界上最大的快递承运商和包裹递送公司，还是运输、物流、资本和电子商务服务的领导性的提供者。这家公司通过其在全球物流与包裹递送领域的优势，为全球商业的繁荣发展提供了坚实的基础和强有力的支持。

（三）FedEx

FedEx 构建了一个多元化的子公司网络，包括联邦快递、联邦陆上运输、联邦货运、联邦加急运输及联邦贸易网络五个相互独立的业务单元，成为全球较大的快递运输服务提供商，专注于文件、包裹和货物的国际快递服务。目前，FedEx 为全球数百个国家和地区提供高效、可靠的快递服务，其能够确保时效性较高的货物在一至两个工作日内准确无误地送达。

FedEx 不局限于"门到门"配送，还延伸到满足生产制造企业生产线的需求和企业客户的具体要求。例如，它通过与惠普（HP）合作，实现了电脑从用户办公桌拆卸、包装、运输到维修、归还和组装的一条龙服务。FedEx 通过这种一体化发展策略，不断优化服务流程。

FedEx 通过收购多个供应链前端和后端企业，特别是运输公司，来强化其物流系统，并通过旗下独立运营的子公司，提供全面的供应链管理服务。例如，通过收购国内的卡车运输公司，FedEx 扩大了其快递服务网络，增强了在短途运输领域的卡车运输能力，实现了快递单打印、投递、空运、陆运的一体化服务，加快了运输速度，实现了运输效益最大化。

自成立之日起，FedEx 一直坚持自己制定的发展策略——使命必达、速度快。FedEx 不断扩展其航空快递服务链，并利用先进技术来进一步优化航空快递运输和物流流程。FedEx 实行集团化经营，提供从打印、包装、运输到配送的完整物流服务，并确保快递包裹能够安全、高效地送达客户手中。FedEx 不断改良服务模式，以创造出超越竞争者的优势。

（四）TNT

TNT 成立于 1946 年，于 1988 年进军中国市场，并于 1997 年被荷兰邮政集团收购，随后总部迁至荷兰首都阿姆斯特丹。TNT 的业务分为三大块：邮政服务、国际快递和现代物流。TNT 坚持其独特的经营理念——为客户创造价值并提供完整的解决方案。如今，TNT 成为全球最大的汽车物流供应商，其在欧洲的业务收入是公司主要的收入来源。除此之外，TNT 也在土耳其、中东以及巴尔干地区等国家和地区发展了物流业务。

TNT 公司的经营战略如下：

1. 差异化战略

TNT 为了满足各个行业客户的业务需要，不断进行整合，以便设计出适合客户的供应链。TNT 对许多行业进行整合，将大批量订单合并发货，这样就节省了通关的时间，一次通关后即可送达目的国。到达目的国后，再把货物分开，之后送到客户手中。这样的战略，一方面可以满足客户的特殊要求，另一方面提高了运输效率、减少了运输时间、降低了运输成本，是 TNT 的一大优势。

2. 提供超值服务

TNT 一直为客户提供个性化服务，这一个性化服务往往是超越客户期待的，因此又被称为"超值服务"。登录 TNT 公司的网站，客户就可以享受 24 小时受理业务这样的便利服务，按照提示，客户可以自主完成操作。

3. 采用新兴营销模式

TNT 公司采用了一种新兴的营销模式：先搜集整理客户信息，然后分析哪些客户是潜在的、符合条件的客户，之后把公司的信息发到这些客户手中，这样有助于提高营销效率。建立好消费者数据库，是此营销模式的中心内容。只有建立完善的消费者数据库，才能让公司直接锁定客户，为商家扩大经营提供保障。

三、国际物流专线

国际物流专线是针对某些国家或地区开辟的定制化跨境物流路径。此类物流模式的特点在于始发地、目的地、运输路线、运输方式、运输时长及周期相对固定。这一模式通常会采用包舱的运输方法，集中大量货物并在约定时间内完成对外运输任务，之后在目的地进行分派。对于那些在短时间内具有大量发货需求且目的地集中的跨境电商企业来说，国际物流专线是一个非常适合的选择。目前国际物流专线形式多样，包括航空专线、铁路专线、陆路桥专线、海运专线及多式联运专线等。

该物流模式具有操作的灵活性和较强的时效性，一般三至七个工作日货物便能抵达港口。国际物流专线稳定性较高，具备一定的通关效率，购买者还能实时追踪物流信息，十分适合运输价值较高且对时效有一定要求的商品。大多数情况下，此类专线服务无须支付偏远地区附加费，为特定区域的跨境电商提供了一种高效的物流解决方案。虽然国际物流专线有其优势，但也存在局限性，如对货物收集的范围和投递的区域有严格的规定。

四、海外仓

（一）海外仓概念

海外仓储，亦称"海外仓"，是跨境电商物流模式中快速发展的一种模式。其运营流程如下：先在进口国预设或租用的仓库中储存商品，随后通过跨境电商平台完成商品销售，之后利用进口国的物流系统从仓库直接向消费者配送商品。

海外仓储指企业在国外设立的物流仓储设施，这种设施的设立，不但可以减少物流成本，还有助于物流企业拓宽国际市场的范围。海外仓储的存在提升了从特定国家购物的便捷性，并能够通过缩短发货时间和运输距离，为消费者提供卓越的服务体验。此外，这种模式还能激发消费者的购买意愿，促进销售额的提升，并推动跨境电商物流业的持续发展。

（二）海外仓迅猛增加的原因

海外仓迅猛增加可归因于以下三点：第一，设立海外仓显著扩展了可运输商品的种类，并降低了物流成本。这种仓储模式对货物的重量、体积或价值几乎没有限制，并且在运费方面能提供价格优势。第二，海外仓实施当地配送机制，有效提升了配送的时效性。常规的跨境物流运输时间漫长，物流追踪信息更新不及时，但海外仓能够实现快速发货并及时更新配送状态，实现货物全程追踪。该模式采取的是标准的外贸物流流程，规范的清关程序大幅减少了通关难度。第三，利用大数据分析，海外仓在供应链管理、成本控制以及仓库货物管理等方面展现出显著的优势，这为卖方创造了更大的价值，也带来了更大的利润空间。

（三）海外仓的作用

海外仓作为一种新的跨境电商物流方式，逐渐被企业采纳，以其突破性功能解决了多个跨境运营问题。其作用体现在以下五个方面,具体如图4-2所示。

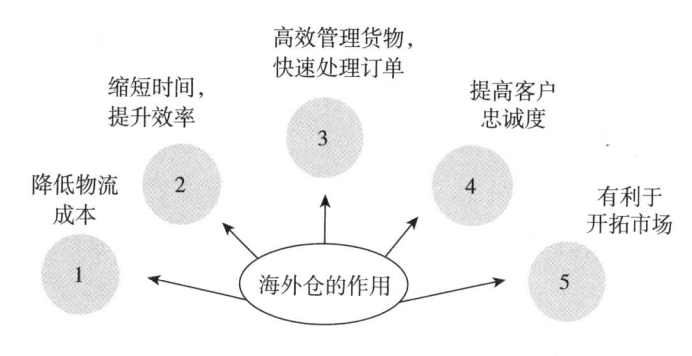

图4-2 海外仓的作用

1.降低物流成本

海外仓的使用为企业带来了显著的成本降低效应。通过海运这种成本较低的方式,企业可以批量将货物运输至设在关键市场附近的海外仓库,以减少每次发货的物流费用,进一步降低成本。当消费者在线上平台下单后,企业可以直接从就近的海外仓中发货,这大大减少了从原产地到消费者手中的中间环节,优化了整个物流链条。通过减少长距离运输次数和环节,企业能以更低的价格提供产品,提高竞争力,也能更快地响应市场需求,提高顾客满意度。

2.缩短时间,提升效率

传统的跨境物流需经过长途运输及繁复的海关清关程序,而海外仓已经处于消费市场附近,一旦接到订单,便可以直接配送给消费者,省去了长途运输的时间和复杂的清关流程。该模式加快了从下单到收货的速度,提升了客户满意度,也使得企业能够更加灵活地应对市场变化,快速调整库存和配送策略。为了应对促销高峰、节假日购物潮或突发的市场需求变化,海外仓提供了更高效的物流解决方案。在供应链管理中,时间就是金钱,海外仓的这一作用大大提高了企业的响应速度和服务效率,为企业在激烈的市场竞争中提供了宝贵的时间优势。

3.高效管理货物,快速处理订单

通过将货物预先储存在靠近目标市场的地点,企业能够实现对库存的高效管理和快速处理订单。当订单下达后，海外仓的工作人员可以立即进行拣选、包装，并且安排发货。此外，海外仓还可以根据数据分析预测市场需求，优化库存量，减少库存积压。这种即时的订单处理缩短了客户的等待时间，也意味着商家能够在不增加库存成本的情况下，提供更广泛的产品。

4.提高客户忠诚度

海外仓为跨境电商提供了一定的售后支持，解决了远距离和复杂海关流程导致的售后难题。客户售后需求由海外仓迅速处理，这提高了客户满意度和忠诚度。

5.有利于开拓市场

海外仓在国际买家中广受欢迎，有助于商家通过口碑建立品牌影响力，积累宝贵资源，进一步开拓市场，扩大销售的产品线和地理覆盖范围。

五、边境仓

边境仓作为一种物流模式，与海外仓相似，但存在地理差异：海外仓位于目标市场所在国家，而边境仓设置在输出国的邻国。边境仓指的是在目标市场国家的邻国境内，租用或建立的仓库设施。

边境仓可细分为绝对边境仓和相对边境仓。绝对边境仓适用于买卖双方地理相邻的情况，此时，仓库通常建立在靠近双方国界的城市。例如，中国与俄罗斯针对跨境电商交易建立的仓库可能位于哈尔滨或位于中俄边境的中国城市。相对边境仓则用于买卖双方地理不相邻的情况，这类仓库建立在接近买方国界的邻国城市。举例来说，中国与巴西针对跨境电商交易建立的仓库可能位于阿根廷、巴拉圭或秘鲁等与巴西接壤的国家的城市。

边境仓的出现部分源自对海外仓运营成本的考量，以及商品一旦积压便难以退回原国的挑战。此外，这种物流模式还能充分利用区域内的贸易协议优势，减轻目标国的政治、法律和税收风险。例如，在面对巴西严格的税收政策和高昂的海外仓成本时，中国企业可能选择在巴西邻国的边界城市设立边境仓，利用南美洲的贸易协定来促进中巴间的电商交易。

六、保税仓

保税仓是经海关认证的,专用于储存进口尚未缴税商品的设施。商品被预先运至保税仓,并在销售成功后直接从该仓库发货。这种方式使得消费者通常能在下单后的三天内收到商品,它的物流效率在众多跨境电商物流模式中位居前列。

(一)保税仓的种类

第一,公用型保税仓。其由主营仓储业务的中国境内独立企业法人经营,专门向社会提供保税仓储服务。

第二,自用型保税仓。其由跨境电商企业自建,仅供本企业自用。如聚美优品所使用的保税仓即为自用型保税仓。

第三,专用型保税仓。其是专门用来储存具有特定用途或特殊种类商品的仓库,如液体危险品保税仓、备料保税仓、寄售维修保税仓。

(二)保税仓的特征

保税仓具有"仓储前置"特性,它通过预先储存货物来优化时间管理,并通过选择成本效益较高的运输手段来减少运输成本。这一模式充分利用了保税区提供的政策优势,包括在物流、海关清关、商品检验、外汇收付以及退税等方面的便利性,简化了跨境电商的操作流程,旨在促进跨境交易的发展。

借助于"保税备货模式",消费者所面临的购物风险大幅减少,因为除了商品价格和国内物流费用,其他风险均由卖家承担。该模式有助于企业批量采购商品,降低成本,并提升消费者的购物体验。但是,保税仓也存在局限性,如产品种类可能较为单一,国内的保税仓比较依赖政策环境,政策的变动可能对跨境进口电商平台产生重大影响,甚至可能导致平台关闭。

(三)可以存放在保税仓的货物类型

第一,进口的加工贸易货物。这些货物进入保税仓后,可能用于后续的加工或组装。

第二,转口贸易中的货物。这类货物在运往最终目的地之前,暂时储存在保税仓。

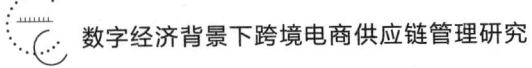

第三，供国际海运或航空器使用的燃油、物料以及维修用零部件。

第四，进口的零配件，专供外国产品维修使用，这些也是寄售的货物。

第五，外商的临时储存货物，可能会等待进一步的处理或转运。

第六，尚未完成海关手续的一般贸易货物，它们在清关之前存放在保税仓。

七、集货物流

集货物流是跨境电商蓬勃发展的一种物流模式。其具体流程如下：先将商品运送至特定地点或仓库，当商品积累到一定量或规模时，通过特定物流方式送到国外消费者手中。此模式还包括与销售相似产品的跨境电商企业建立战略伙伴关系，以共同设立跨境物流运营中心。这样做可以通过规模效应或互补优势来降低跨境物流成本。例如，米兰网在广州和成都设立的仓储中心会集中商品，再通过国际快递公司发往国外。同理，大龙网在深圳的仓储中心也采取类似的模式。

该模式的优点是能降低物流成本和提升物流效率，这对于中小型企业来说尤为重要。但是，这种模式可能会影响时效性，因为在批量运输之前，需要花费时间来集中和整理商品，可能会增加配送时间。此物流模式主要适用于大型电商平台或中小型企业之间建立的战略联盟。

八、第三方物流

（一）第三方物流的定义

第三方物流提供商是独立于购买和销售双方的企业，其专注于提供专业的物流服务。这些服务提供商通过签署合同，向交易双方提供物流解决方案。当前，国内的电商巨头纷纷成立了自家的物流公司，但在跨境电商的场景中，由于建立自有物流体系涉及海关手续办理、海外仓库租赁及员工培训等复杂流程，需要大量的资金投入，因而与第三方物流企业合作成为一种较为理想的策略。第三方物流企业有提供国际邮政服务的公司以及海外快递企业。在跨境物流的产业链条中，不同的第三方物流公司也会进行合作，国内众多的海运企业和货代中介机构在境外物流领域积累了丰富的经验和资源，这使得它们能够为电商企业提供一系列的物流解决方案。

（二）第三方物流企业的经营业态

第三方物流企业的经营业态主要有两种：

第一，第三方物流企业接受客户委托，根据客户提出的要求处理相关货物。这种业态的经营模式实质是一个委托的法律关系，从物流学意义上看属于初级业态。其表现形式是委托人根据委托事项支付一定费用，受托人（物流企业）提供相应服务。如果委托人没有尽到告知义务，致使受托人设备造成损失的，受托人免责；造成第三人损失的，由第三人直接向有过错的委托人追索。在实际操作过程中，往往根据委托合同有关条款加以调整。

第二，物流企业根据客户要求寻找供应商、代理商、分销商，同时向客户提供相应的仓储、运输、包装等服务，并为客户设计物流计划。这种经营业态是第三方物流的高级经营业态。笔者认为这是隐名代理行为而非行纪行为。隐名代理是英美法系代理法中的一个概念，指受托人以自己的名义，在委托人的授权范围内与第三人订立的合同，第三人在订立合同时知道受托人与委托人之间有代理关系。该合同直接约束委托人和第三人。其与行纪最根本的区别在于行纪人只能以自己的名义对外活动，与第三人订立的合同，委托人不享有权利也不履行义务。在实践中，生产企业、供应商等都与第三方物流企业有代理关系，而第三方物流企业需要为终端客户提供配送服务。在这种模式下，第三人知道物流企业其实是某终端客户的代理人，只不过第三方物流企业没有以终端客户的名义而是以自己的名义与其发生关系，因而责任由终端客户承担。需要指出的是，在此过程中，物流企业为了自己的利益越权代理，行为无效。而且由于第三人过错造成终端客户损失，由第三人对终端客户进行赔偿（因为厂家的商品造成超市损失，由厂家承担责任并向超市赔偿）。由此可以说明，第三方物流的高级经营业态实际上是一种隐名代理行为。

九、第四方物流

随着全球化、互联网化以及市场需求多样化的程度加深，传统的物流模式逐渐不能满足日益复杂的商业需求，在这一背景下，第四方物流应运而生。

（一）第四方物流的定义

第四方物流，通常被视为供应链的集成商，其核心不再是直接掌握物流资产，而是通过先进的信息技术、整合能力和资源协调，提供全面的供应链解决方案。它扮演的是一个中介者的角色，通过与第三方物流提供商、技术供应商、管理咨询机构以及其他增值服务提供者的合作，为客户打造量身定做的供应链服务，目的是帮助企业降低运营成本、提升资源配置效率，并从中获取利润。

（二）第四方物流的基本特征

第四方物流的基本特征可以概括为以下两点：

第一，第四方物流在服务企业时，实现了从多样化到统一化的转变。这种转变简化了物流服务商的结构，使其提供一站式、全功能的物流服务。这种变革弥补了第一方物流（企业内部物流）、第二方物流（基本外包物流）以及第三方物流（专业物流企业）的缺陷，减少了物流成本，提升了物流服务的层次，改变了物流业的形态。

第二，第四方物流能够提供精确计算、操作性强且实用的物流解决方案，以满足不同用户的具体需求，并能够提供综合性物流服务。

（三）第四方物流和第三方物流的关系

第四方物流是在第三方物流发展的基础上，应对更高要求而衍生出的物流模式。在供应链中，生产厂商、批发商、零售商以及最终用户构成了网络的关键节点。第三方物流连接这些节点，就像供应链中的连线一样；而第四方物流凭借其在信息管理方面的优势，扮演着指挥者的角色。所以，第四方物流需将外部的协调任务转化为内部流程的协调，促进各个独立业务环节的协同合作。

第三节　数字化转型对跨境电商物流管理的影响

一、数字化转型对供应链透明度的影响

随着数字化转型的深入，供应链的透明度得以提高。信息技术的发展使从原材料采购到成品交付的每个环节都能被精确追踪和监控，在此基础上，企业能够实时掌握供应链的动态，如物料流动、库存水平、供应商能力等关键信息。透明度的提高有利于识别和减轻风险，还可以提高供应链的整体效率和响应速度。例如，通过实施物联网解决方案，企业能够实时追踪货物位置，确保货物运输的可预见性，减少货物丢失或滞留的风险。而数据分析工具可以帮助企业理解复杂的供应链模式，预测市场需求，调整生产计划，避免库存积压或短缺。

数字化技术一方面为企业内部管理提供了便利，另一方面为合作伙伴间的协作创造了更多可能。通过共享平台，各供应链节点的企业能够实时共享关键数据，进而实现资源的最优配置。例如，生产商可以根据零售商的库存数据及时调整生产计划，而零售商可以根据消费者行为调整订单量。透明的信息流动有助于所有参与方更精确地预测和响应市场需求，减少供应链中的摩擦成本，还能提高各方在遇到不确定性和突发事件时的适应能力，使整个供应链更有弹性。

需要注意的是，供应链透明度的提高也会带来挑战，如数据安全和隐私保护问题。为了应对这些问题，企业应加大对安全技术的投资，完善存储系统，使之能够抵御来自各方的安全威胁。进一步地说，企业还需对员工进行全面的数据安全培训，构建安全意识强的工作环境，强化员工对于数据重要性的认识和处理数据的正确方式，这样能有效减少内部引起的安全风险。企业在追求供应链透明度的同时，必须在透明度与安全性之间找到恰当的平衡点，这样可以让其在激烈的市场竞争中占据优势，实现可持续发展。

二、数字化工具在优化库存管理中的作用

第一,数字化工具可以让企业增强对库存的掌控能力。例如,通过库存追踪系统,企业能够即时了解商品的存量情况,这对于企业保持适宜的库存至关重要。实时数据的监控确保企业能够快速响应市场变化,及时补充热销产品的库存,并避免库存积压造成的资金浪费。此外,高级的分析工具还可以对销售数据进行深入分析,预测未来的市场趋势,帮助企业制订更有效的库存计划。

第二,数字化工具可以帮助企业优化仓库的布局和库存流转过程。例如,使用先进的仓储管理系统(WMS),可以确保货物在仓库中的存放位置最佳,减少取货和存货时间,提高作业效率。智能系统能够根据产品的销售情况和流动速度,自动调整库存的布局,确保热销商品容易取得,而滞销品被合理存放。这些系统还能与采购和销售模块无缝对接,实现库存的动态管理,减少人为的错误和提高工作效率。

第三,数字化工具能让不同企业实现资源共享,如它们能够让不同企业实现库存信息的即时共享,这对于满足跨国顾客的需求非常重要。有了全球库存管理系统,企业可以更准确地安排国际运输,确保商品能够快速到达指定位置。随着关税和进出口政策的不断变化,数字化工具还能帮助企业迅速调整库存策略,以应对外部政策变化带来的影响。

第四,数字化工具在提升库存管理透明度和准确性方面发挥了重要作用。借助于云计算技术,企业可以实现库存管理系统的中央化,这样,所有授权的员工都能够访问实时的库存数据,这种透明度提高了内部运营的效率,也增强了与合作伙伴之间的协作。例如,生产商能够直接访问系统,了解库存情况和需求情况,从而调整生产计划。数据的准确性确保企业能够减少因库存积压或缺失而导致的损失,从而在经营中取得更好的财务表现。

三、数字化转型促进跨境支付安全化与财务流程自动化

(一)跨境支付

数字化支付系统的核心优势在于其对多币种交易的即时处理能力,它显著缩短了货币转换所需的时间,并降低了相关的成本。这种系统通过运用复杂的

算法，实时监控全球货币市场的波动，为企业捕捉最优的汇率。这保障了资金流转的效率，确保了资金在全球范围内的价值最大化。这一点对于从事跨境交易的电商平台来说尤为关键，因为它们经常需要在多种货币间进行转换，以适应全球客户的需求。

除了提高效率和价值，数字化支付系统还在安全性方面提供了巨大的优势。它可以实时监测交易活动，自动识别异常模式，进而预防可能的欺诈行为。它们使用的技术包括但不限于机器学习和行为分析，能够有效识别可疑交易，及时发出警报，以保护企业和其客户的资金安全。在跨境交易频繁的背景下，使用这样的保护措施是至关重要的。数字化支付系统的这种自我监控能力极大地减少了人工干预的需求，也提高了交易的整体安全性。

（二）财务流程

在跨境电商领域，可通过智能软件提升财务操作的效率和准确性。智能软件的应用使得账单处理、财务报告生成等环节能自动化进行，还能加快工作流程，减少由人工处理引起的错误。具体来说，自动化的账单系统能够无误地识别账单细节，将其与对应的订单相匹配，并处理相应的支付事项。

此外，自动化的财务流程还为企业管理层提供了实时的财务数据，使决策者能够基于最新的信息做出明智的决策。自动化工具能够快速准确地生成复杂的财务报告，使企业能够及时响应市场变化，优化其财务策略。对于税务合规方面，自动化系统可以确保企业遵循各国不断变化的税法，避免因疏忽而产生的合规风险。在全球电子商务的大环境下，自动化财务管理成为企业保持竞争力、实现可持续发展的关键工具。

四、数字化转型有利于改善风险管理与合规性跟踪

第一，在风险管理方面，数字化工具可对潜在风险进行智能评估，及时发出预警，如提醒企业注意供应链中的物流风险（运输延误、货物损坏等）、市场风险、信贷风险以及汇率波动等。通过数字化工具，企业能够快速响应这些风险，采取预防措施，如调整运输路线、更改供应商或使用金融工具对冲风险等。

第二，在合规性跟踪方面，数字化工具可确保企业在跨境交易中遵守所有

相关法律和规定。这些工具可以追踪多国的法律变更，并自动更新内部合规程序和文件，确保企业不会因不了解新法规而受到影响。数字化工具还可以监控和记录所有交易活动，确保全程可追溯，并在需要时提供完整的审计轨迹。

第三，数字化转型在提高跨境电商物流管理效率的同时，增强了企业对风险的控制能力。在数字化转型下，风险评估变得更为准确和及时，合规性管理也变得更为系统和可靠。在全球电商竞争加剧的背景下，数字化转型能够提升企业的市场地位，减少经营过程中的潜在损失，提高企业的整体盈利能力和竞争力。预设的参数和算法，可以识别出异常交易，使企业能够在问题发生前采取措施。

第四节 数字化技术在跨境电商物流中的运用

一、条码技术在跨境电商物流中的应用

（一）条码概述

1. 条码的概念

条码是由一系列黑白条纹和对应的字符组合而成的编码标识，用以代表某些特定的信息。例如，黑色条纹代表反射率较低，而白色条纹代表反射率较高。条码的设计目的是标识可以交易的商品，如一包洗衣粉或一盒饼干，或者标识物流单元，如一个托盘。

当分配给某个商品一个代码，并以条码的形式展现时，该商品便被明确标识。这里提到的"代码"指一系列代表某个客观事物的有效字符，其可能具有实际含义，也可能不具有实际含义。有含义的代码能够透露商品的一些信息特征，如某公司生产的不同系列产品可通过编码区分：编号为50000至59999的代表小型家用电器，编号为60000至69999的则是手机产品。通过这样的编码规则，可以快速识别产品类别。没有具体含义的代码仅作为商品的唯一标识，不承载任何额外信息。

条码技术中经常接触到的基本术语如表4-1所示。

表4-1 条码技术基本术语

序号	术语	英文表示	定义
1	条码	bar code	由一组规则排列的条、空及其对应字符组成的标记,用于表示一定的信息
2	代码	code	用来表示客观事物的一个或一组有效的符号
3	条/空	bar/space	条码符号中反射率较低/较高的部分
4	空白区	clear area	条码符号左右两段外侧与空的反射率相同的限定区域
5	起始符	start character	位于条码符号起始位置的若干条和空
6	终止符	stop character	位于条码符号终止位置的若干条和空
7	中间分隔符	central separating character	位于条码符号中间位置的若干条和空
8	条码字符	bar code character	表示一个字符的若干条和空
9	条码字符集	bar code character set	某类型条码所能表示的字符集合
10	条码数据字符	bar code data character	表示特定信息的条码字符
11	条码校验字符	bar code check character	表示校验码的条码字符
12	供人识读字符	human readable character	位于条码符号下方,与相应的条码字符相对应的、用于供人识别的字符
13	条高	bar height	垂直于单元宽度方向的条的高度尺寸
14	条宽	bar width	条的宽度尺寸
15	空宽	space width	空的宽度尺寸
16	条宽比	bar width ratio	条码符号中最宽与最窄的宽度比
17	条码字符间距	inter-character gap	相邻条码字符间不表示特定信息且与空的反射率相同的区域
18	条码长度	bar code length	从条码符号起始符前缘到终止符后缘的长度
19	条码密度	bar code density	单位长度的条码所能表示的字符个数

续 表

序 号	术 语	英文表示	定 义
20	模块	module	构成条码字符间隔的条码
21	连续型条码	continues bar code	没有条码字符间隔的条码
22	非连续型条码	discrete bar code	有条码字符间隔的条码
23	定长条码	fixed length bar code	条码字符个数固定的条码
24	非定长条码	unfixed length bar code	条码字符个数不固定的条码
25	自校验码	self-checking bar code	条码字符本身具有校验功能的条码
26	双向条码	bi-directional bar code	左右两端均可作为识读起点的条码
27	附加条码	add-on bar code	表示附加信息的条码
28	码制	—	条码符号的类型
29	放大系数	—	条码符号的设计尺寸与标准版尺寸的比值

2. 条码的种类

（1）一维条码。一维条码的信息表达仅限于一条线（通常是水平方向）上，而在垂直方向上不携带任何信息。条码的特定高度设计主要是为了确保扫描仪能够轻松对准条码进行读取。这种条码技术能够提高输入信息的速度，并降低出错的概率。但是，一维条码也有其局限性，如其数据容量相对较小，一般能存储的字符数量为30个；它仅能包含字母和数字；条码本身尺寸较大，导致空间利用效率不高；若条码被损坏，便无法进行读取。

（2）二维条码。二维条码是对一维条码的一种拓展，它在二维平面上编码，大幅增加了信息存储量，从标识转向了对物品的详细描述。其优势有很多，如能存储包含文字、图像、指纹、签名等多种数据形式的小型文件；能在有限的空间内存储大量数据；能精确描述产品信息；能提高证件及单据等的安全性；能在离线或网络不好的环境中便捷地收集数据。

1991年，美国Symbol公司发布了PDF417条码，这种条码现已被广泛认可并成为国际标准。PDF417条码的技术特点十分显著，具体内容如下：

第一，容量大。PDF417条码能够储存大约1 850个大写字母、2 710个数字或者1 108个字节的信息，其容量是一般条码容量的数十倍。

第二，能广泛编码。它能编码包括图像、声音、文本、签名、指纹在内的各种可数字化的信息。

第三，有强大的容错性。PDF417条码能够有效防止解码错误，提高解码速度，并能恢复受损信息。

第四，可靠性高。其解码错误率是一般条码的两百万分之一，极大地提升了准确性。

第五，能防伪，具有安全性。它可利用指纹、图像等数据进行验证。此外，还可以利用隐形条码来提高安全性。

第六，制作简便且耐用。条码可使用多种印刷技术印制，并且读取无须物理接触，不受读取次数的限制。

第七，具有成本效益。与磁带等存储介质相比，其成本较低。在网络连接受限时，可以通过传真将信息量大的二维码发送给接收方。

第八，尺寸灵活。PDF417条码的外形和尺寸比例可根据需要进行调整，如根据承载物的面积、业务需求以及设计美观性等因素调整大小，这样不会影响其承载的信息内容。

3. 条码的优势

与其他自动识别技术相比，条码具有多项优势：

（1）可读性较高。若印制的条码把误差控制在规定的范围内，则其一次性读取成功率接近100%。

（2）可靠性高。条码的可靠性较高，在软件功能加强的情况下，条码的可靠性得到进一步提升。

（3）具有经济性。它提供了一种成本效益高的信息识别和处理方式。

（4）具有点对点性。条码可以在生产与分销的各个阶段不断被扫描，无论在哪个环节都能发挥其跟踪作用。

（5）信息对应性强。条码可直接印制在商品的包装上，确保所承载信息与实体物品相对应，降低信息混淆的可能性。

（6）适应性强。这一优势体现在多个方面，如条码标签能被各种扫描设备所读取；用户可通过点阵打印机、热敏打印机、激光打印机或喷墨打印机等不同类型的印刷设备来打印条码。这种高度的灵活性使条码技术在各个行业中都有广泛的应用前景。

（二）条码技术的应用

现代物流系统的核心是信息网络，它必须准确地映射实物流动的过程，确保信息流与物流之间的同步。条码技术正是基于这一需求而出现，因为它以较低的成本实现了实物与信息间的精确对应。该技术的主要作用是保证实体物品在运输和储存过程中的状态能够实时地在信息系统中更新，使物流操作人员能够快速掌握物流全程，特别是货物在途情况，以提升作业效率和货物计数的准确性。条码技术确立了实物与信息间的对应关系，具体如图4-3所示。

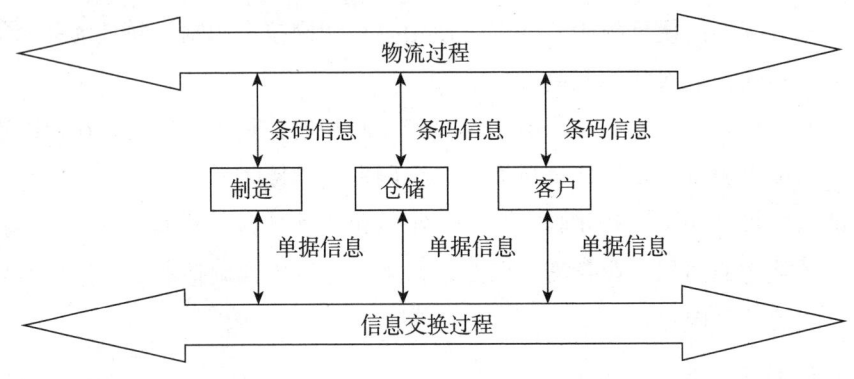

图4-3 实物与信息的关系

条码技术作为物流信息化的关键工具，涉及多种子技术，如符号表示、快速识别、编码设计以及计算机管理等。这项技术为计算机管理与电子数据交换提供了必不可少的数据采集手段，并且是自动识别技术的重要组成部分。进一步地说，条码技术构成了电子商务和供应链管理的基础平台，是现代物流领域中不可或缺的技术工具。国际物品编码协会授予中国十个前缀码（690～699），其让众多中国企业获得了条码使用权，并成功推动了中国商品在国际市场上的流通，这对企业经济效益的提升产生了显著影响。条码技术的应用范围极其广泛，多个领域都有它的身影。尤其在通用商品销售领域，POS系统因其而普及。在北美、欧洲各国以及日本，POS系统的应用率非常高，成为大众日常生活中常用的技术应用之一。

1. 条码技术在运输管理中的应用

在物流运输领域内，物流与信息流构成了一个紧密相连的整体。信息流对物流至关重要，缺乏信息的支持，物流操作将无法有效执行，同样，信息流需依托于物流活动，若无实际的物流活动作为载体，信息本身便失去了存在的价值。在当今数字化、信息化经济背景下，贸易相关信息的电子处理、物流与信息流的协同运作，以及货物与其对应信息的一致性和同步性，变得尤为关键。在货物运输过程中，确保物流与信息流之间的无缝对接和整合成为实现高效物流管理的核心。

在过去，中国的运输行业依赖手工操作，显现出相对滞后的面貌。随着计算机、条码和网络技术的飞速发展，传统的手工作业方式正逐渐被现代的科学技术和管理方法所替代，特别是条码技术的快速进步，使其在货物运输中发挥着愈加关键的作用。

在传统物流和运输体系中，信息往往通过纸质文件进行流转，如提单、产品说明书等文件随货物一同流转，承载着货物的来源、制造商信息、产品特性及运输要求等详细信息。但这种方式已不能满足电子商务的需求，因为其数据输入速度慢且有较高的错误率。虽然电子数据交换（EDI）技术能够在线传输和处理各类交易信息，如咨询、价格估算、订单、交货和接货信息以及付款请求等，可以实现全过程的在线处理，但 EDI 技术有一个局限，即物品与相关信息通过不同途径处理，难以实现物品信息的一致化。若不能实现一致化，EDI 的效能就会大打折扣。条码技术的应用成功解决了这一难题，它能够确保信息与货物同步传递，实现物品信息的一致性，也为 EDI 提供了可靠的物理备份，减少了网络依赖。通过条码技术，发送方可以将与贸易相关的 EDI 信息转化为 PDF417 条码标签（所谓的"纸面 EDI"），并将其贴在商品或其包装上。随后，运输公司、海关或接收方可以直接扫描这些条码标签，将信息立即导入自己的计算机系统中，显著提升了整个运输过程的效率。此外，接收方还可以将这些信息与发货方通过互联网发送的交货信息进行核对，验证所接收货物的准确性。

条码技术的应用使得信息的处理不再依赖于人工输入，减少了错误的发生。例如，PDF417 条码标签的使用，为信息的即时处理和交换提供了有效途径。整合了这一技术的物流和运输系统，能够更加迅速和准确地处理大量的货物信息，从而满足现代电子商务的需求。这一技术为企业带来了经济效益。

目前，世界各地的运输企业正在采用结合一维条码和PDF417这种二维条码的方式，以便于在货物运输过程中进行高效的条码追踪与信息管理。PDF417条码以其巨大的信息存储能力著称，能够记录下货物的全部细节信息。这种条码不仅打印方便，还可根据需要对数据进行加密，有效预防信息被非法修改。PDF417条码具备卓越的错误纠正功能，即便在条码标签遭受某种程度损毁的情况下，也能确保信息成功读取。这些显著优势让它在铁路、机场和港口的货物运输中得到广泛应用。它的使用既实现了货物运输全程的有效追踪，又提升了数据处理的速率，减少了对网络环境的依赖，促成了物流与信息流的无缝对接。PDF417条码作为一种物理媒介，能够传达完整的货物信息。在广域计算机网络尚未普及的阶段，PDF417条码已能够独立完成其功能，替代网络的角色。随着网络的建设和完善，这种条码成为网络服务的有效补充和增强手段。由此可见，在运输行业中，PDF417条码起着至关重要的作用。

2. 条码技术在配送管理中的应用

条码技术在现代物流配送管理中的应用较为普遍，如可用在收货、摆货、仓储、配货及补货等方面。当配送中心接到客户的送货订单时，首先要进行信息的汇总与分析，以确定配送的具体时间及路径。在从库存中取出货品并装车前，工作人员会扫描商品条码，核实商品，防止错发。在货物发出后，条码技术可对商品的运输状态进行实时追踪，货物每至一处，工作人员可用条码扫描器读取信息并输入计算机系统，实现对商品流向的实时监控，以便于配送中心对货物运输进行调整和控制。条码与计算机技术的结合，极大地加快了信息传递速度，并提高了数据处理的准确性，实现了物流的实时跟踪和货物装卸的自动化管理。配送中心的运营情况及商品库存量通过计算机系统能够实时地呈现给管理层和决策层。

条码技术在配送管理中的应用主要体现在以下方面：

（1）订货。无论是总部采购还是连锁店订货，均可通过扫描订货簿或货架上的条码来录入商品信息（商品名称、品牌、产地、规格等）。之后，核对采购机构的订购需求，确定订购的商品种类和数量。相较于传统的手动订货方式，这种利用条码技术的订货方式效率显著提高。

（2）入库。在物流配送中心的入库管理环节，条码技术起到了关键作用。商品抵达后，工作人员使用条码输入设备，将商品信息输入计算机系统中。系统据此识别商品种类和数量，进而基于已设定的入库规则及现有库存情况，指派一个具体的存放位置。之后，系统会打印含有商品位置信息的条码标签，工作人员将此标签粘贴于货物外箱，并将其放置到传送带上。传送带上含有的传送系统会读取货物外箱上的条码，确保货物被准确送到计算机系统分配的位置。

（3）摆货。搬运工在将商品搬至仓库货架前，需先扫描包装箱上的条码，计算机随即指引搬运工将商品搬至分配好的货位。商品放置到指定位置后，搬运工需要扫描货位的条码，以验证位置的正确性。当商品以托盘为单位入库时，搬运流程有所不同，先将到货清单输入计算机，接着系统发出基于托盘数量的条码标签，将这些标签粘贴在托盘的侧面，便于叉车操作。叉车装配有激光扫描器，驾驶员叉起托盘并按计算机的指引将其放置到正确的货位。货位区配备了传感器、显示装置、红外线装置和标识牌，这些设备能帮助叉车驾驶员精确放置托盘。放置完成后，驾驶员通过叉车上的终端设备将操作信息回传至主计算机，从而在系统中更新商品位置。

（4）拣货及配送。条码技术在分拣与配送中均有应用，加快了拣货速度，确保了拣货的准确性。具体来说，当总部或配送中心收到客户订单后，系统会对订单进行汇总和处理，并打印带有条码的拣货标签。这些标签包含了商品的一些重要信息。随后，工作人员按照计算机发出的拣货单，在仓库内进行商品的挑选，并在商品上贴上含有基本信息的拣货条码标签。之后，所挑选的商品被运至自动分类机并置于感应传送带上。在这里，激光扫描器自动读取商品上的两个条码，以检验拣货是否存在错误，经验证无误的商品便会通过分流装置被分配到对应连锁店的专属滑槽中。之后，将不同分店的商品装入各自的货箱中，并在每个货箱上贴上含有目的地信息的条码标签。装箱完成后，这些货箱被输送到自动分类机，在自动分类机的感应作用下，激光扫描器会扫描货箱上的条码，确保每个货箱被准确送到指定位置。倘若在拣货过程中出现错误，相关商品则会被放入专门的错误滑槽中进行处理。

（5）补货。在物流配送管理中，条码技术扮演着关键角色，一方面用于日常的业务流程，另一方面对数据采集和经营管理至关重要，它使得库存检查变得简单高效，通过扫描条码即可迅速确定商品的存量，评估是否需要进货或是否库存过量。此外，商品和货架之间具有对应关系，通过扫描货架上的条码，可以查看商品信息。条码技术的应用范围广泛，它使得库存数据的收集更加及时，确保了货架上的商品数量始终得到监控，促进了库存量的最优化。通过条码，可以实现即时补货，防止缺货情况发生，避免因补货不及时导致的销售损失。

条码同样是配送中心配货分析不可或缺的工具。它与计算机技术的结合，极大提高了信息传递的速度和准确性，还可对物流进行实时跟踪。条码与计算机技术的结合还缩短了商品的流转周期，并将库存维持在最低水平，实现了资源的最大化利用和成本的最小化。

3.条码技术在仓储管理中的应用

仓储管理中的条码技术整合了无线网络与条码自动识别技术，可以增强仓储管理的效率和准确性。此技术从产品入库阶段开始发挥作用，利用固定式扫描设备来读取产品包装箱上的条码，记录产品的入库时间和数量，形成入库登记，从而使仓库库存数据得到及时更新。在产品出库阶段，通过扫描产品包装箱上的条码，可以核对出库产品的详细信息，如种类和数量，确保出库操作正确无误。条码技术的运用显著降低了产品登记错误的可能性，减少了产品缺货或被误拿的风险，从而提升了拣货的准确性。在仓储的各个环节，条码技术的应用都实现了操作的电子化，操作者通过手持终端完成各项任务，这样不仅提高了作业效率，还确保了库存和运输过程的一致性与精确性。通过条码技术的应用，仓储管理变得更加精确和高效，进而优化了整个物流系统的运作。

条码技术在仓储管理中的应用是多方面的，涉及计划申报、物资验收、物资入库、盘点仓库、物资出库、物资消耗和物资移库等环节。具体操作流程如下：

第一，计划申报。相关单位在进行物资库存计划申报时，需要先在计算机上创建计划主体，确认后，使用手持终端在仓库现场扫描条码或电子标签。这样可以让仓库管理员依据现有库存情况，制订合理的物资库存计划。

第二，物资验收。物资送达仓库后，相关工作人员将打印出的条码贴在物资上，采购人员在计算机上申请验货，然后和仓库管理员一同用手持终端完成验收工作，并在终端上记录验收结果。

第三，物资入库。在手持终端中创建入库单据，扫描通过验收的物资条码，执行物资入库流程。

第四，盘点仓库。仓库盘点工作依赖于货位和物资条码，首先扫描货位条码，随后扫描上面的物资条码或电子标签，核对物资放置位置的准确性。盘点结束后，对实际库存与账面记录进行比对，制作盘盈盘亏报表，并据此进行库存调整，确保账面记录与实际库存相符。

第五，物资出库。出库时，在手持终端上创建出库单，扫描物资条码，进行物资出库操作。

第六，物资消耗。车间和班组使用手持终端扫描即将使用的物资条码，完成物资消耗登记。

第七，物资移库。仓库管理员在移动物资货位时，需使用手持终端扫描物资条码以及新旧货位的条码，更新系统中物资的货位信息。

二、射频识别技术在跨境电商物流中的应用

（一）射频识别技术概述

1.射频识别技术的含义

射频识别（RFID）技术，也称作"电子标签技术"，是20世纪90年代兴起的一种高效的自动识别技术。它通过射频信号进行无接触的信息传输，利用交变磁场或电磁场之间的空间耦合特性，以达成远距离识别和追踪目标的目的。

2.射频识别技术的组成

RFID的基本组成部分有RFID标签、读写器和天线。

（1）RFID标签。RFID标签按其工作机制划分，可分为主动式（有源）和被动式（无源）两种。在物流行业，被动式标签的使用尤为普遍，这类标签通常由芯片和天线或线圈构成，并采用电感耦合或电磁反向散射耦合原理实现与读写设备（读写器）之间的通信。每个RFID标签都存储着一串独特的编码，通常为64bit、96bit甚至更高，其提供的地址空间远超传统条码，这使得对单一物品进行精确编码成为可能。

（2）读写器。读写器也被称为"阅读器"或"询问器（reader）"，是对RFID标签进行读取或写入操作的设备。它主要由耦合模块、收发模块、控制

模块及接口单元构成。作为RFID技术的核心组件，读写器负责两个方面的工作。一方面，它接收RFID标签发出的微弱电磁信号，并通过其内置天线将这些信号转换为数字信号，之后经过数字信号处理单元的处理和整形，解调出返回信息，从而实现对RFID标签的辨认或数据的读写。另一方面，读写器与上层的中间件及应用软件进行互动，以执行操作命令和上传数据汇总。随着技术的进步，未来的读写器将更加智能化、小型化及集成化，并拥有更为强大的前端控制能力。在物联网领域，读写器将成为集通信、控制和计算功能于一体的关键设备。

（3）天线。天线是RFID标签与读写器间建立无线通信连接和实现射频信号空间传播的设备。RFID技术有两种类型的天线：一种是RFID标签上的天线；另一种是读写器天线。后一种天线可以嵌入读写器内部，或者通过同轴电缆与读写器的射频输出端口连接。当前市场上的天线产品通常采用收发分离技术，以实现发射和接收功能的一体化。

3. 射频识别技术的原理

射频识别技术的基本原理是电磁理论，并且具备不依赖视线、识别距离远超光学系统的显著优势。射频识别卡除了具备读写能力，还能存储大量数据。其安全性高且难以被仿造，这赋予了它较高的智能性。

伴随着射频识别技术的发展，便携式数据终端（PDT）的应用日益广泛。这些终端装备有固化在只读存储器中的操作系统，负责监管数据采集和传输工作。数据一旦被存入PDT的存储器，就可以随时通过RFID技术无线传输至中央计算机。在实际操作中，工作人员首先扫描位置标签，将货架编号和产品数量等信息输入PDT，然后通过射频识别技术将这些数据传输到计算机信息管理系统。通过这种方式，可以快速生成客户产品清单、发票、运输标签以及存储在特定位置的产品代码和数量等关键信息，极大地提高了信息管理的效率与准确性。

（二）射频识别技术的应用

1. 商品出库与入库

商品配送中心指派的车队抵达仓储中心，通过门禁系统读取射频标签信息并展示车辆当前未携带物资。装载完毕后、车队离开时，门禁系统会再次扫描射频标签，此时物流系统将已装载物资的数据录入数据库，并将信息报告传输至配送中心，完成物资自动出库的记录。之后，车辆及其携带的货物进入在途状态。当运输车队抵达目的地时，门禁系统再次读取射频标签信息，并将数据传输至仓储中心系统，该系统随即显示预定入库物资信息，并将此信息录入数据库中，自动完成物资入库流程，并向配送中心报告，确认配送任务完成。

2.储存与库存盘点

在仓库运营中，射频识别技术被广泛应用于物品储存和库存盘点，它支持货物的自动登记、储存和取用操作。结合供应计划系统和射频识别技术，可以有效地执行各项任务，提升作业的准确性与效率，提高服务品质，并减少成本。此外，该技术还有助于减少由偷盗、损坏或出货错误引起的物流损失。

3.运输跟踪

在运输领域，通过在货物和交通工具上贴RFID标签，可以对这些资源进行有效的跟踪与管理。当货物被扫描时，装置捕捉到的RFID信号包含的信息，连同地点数据，被发送到通信卫星，然后此数据被转发至运输调度中心，并被存储于数据库之中。射频识别技术的应用，既加快了配送任务的执行速度，也允许对在途物资进行精确跟踪。物资配送中心可以依据各仓储中心报送的数据，清晰掌握在途物资的详细信息，如名称、类别、数量等，以此实现物流的全程可视化。

4.物流配送

在物流配送环节，射频识别技术的应用显著提升了配送速度，减少了人力需求，降低了配送成本。货物抵达配送中心后，每件商品上的RFID标签都会被阅读器读取。此操作确保了库存控制的准确性，可以明确知道当前有多少货物在运输过程中，它们的起始点、目的地以及预计的到达时间。RFID技术使得库存控制更加合理，物流更加智能化。通过电子标签，可以对商品从原料到半成品、成品，在运输、仓储、配送、上架、销售乃至退货处理的各个环节进行实时跟踪与监控，整个供应链管理变得透明而高效。

三、全球定位系统在跨境电商物流中的应用

(一)全球定位系统概述

全球定位系统(GPS)是利用分布在约20 000千米高空中的多颗卫星对地面目标的状况进行精确测定,以进行定位、导航的系统。该系统的应用十分广泛,包括但不限于对船舶和飞机的导航、交通管制以及灾害监控等。自20世纪90年代起,GPS在国际物流行业中的应用日益广泛。

自1957年10月第一颗人造地球卫星成功发射以来,世界各国和国际组织陆续建立了数个类似的全球定位系统,其中较为著名的有美国的GPS卫星导航系统、俄罗斯的格洛纳斯卫星导航系统、欧盟的伽利略卫星导航系统,以及中国的北斗卫星导航系统。这些系统均旨在提供高精度的时间和位置信息,满足全球的导航和定位需求。

1. 美国的GPS卫星导航系统

美国的GPS卫星导航系统(简称"GPS系统")由两部分构成:空间段和地面段。空间段包括布置在六个轨道平面上、总计24颗的卫星,这些卫星围绕地球运行,距地面约20 000千米。这种独特的轨道设计确保了全球任意地点、任意时间都能接收到至少4颗卫星的信号,从而提供全天候、实时的速度、位置和时间信息给地面上的用户。地面段由一个主控制站、五个监控站和三个地面天线构成,它们负责维护和调控空间段的运作。

GPS用户端通过携带GPS接收器来接入此系统。接收器的核心功能是捕捉卫星传来的信号,然后计算出当前的位置、速度和时间信息,用于导航与定位。

2. 俄罗斯的格洛纳斯卫星导航系统

格洛纳斯卫星导航系统(简称"格洛纳斯系统")是俄罗斯独立研制的全球卫星导航系统。要想在俄罗斯境内提供全面的导航服务,至少需要部署18颗卫星;要想实现全球覆盖,则需要部署24颗。虽然在20世纪90年代格洛纳斯系统的卫星数量曾一度满足要求,但后续因资金问题导致无法替换失效的卫星导航,这影响了系统的完整性和可靠性。

格洛纳斯计划设计24颗卫星,分布在三个轨道平面上,每个平面上分布

8颗卫星。这些卫星的轨道高度为19 100千米，绕地球一周的时间为11小时15分钟，轨道倾角设定为64.8°。格洛纳斯系统与美国GPS系统的不同之处在于，格洛纳斯系统采用的是频分多址（FDMA）技术，通过不同的载波频率来识别各个卫星信号，而GPS系统是通过不同的伪随机码，即码分多址（CDMA）技术来区分每个卫星信号。

3. 欧盟的伽利略卫星导航系统

伽利略卫星导航系统（简称"伽利略系统"）作为一种中高轨卫星导航配置，其架构在2007年末得到了完善，并于2008年正式投入运营。这个系统共计部署了30颗卫星，包括27颗主运作卫星和3颗备用卫星。卫星运行高度为24 126千米，位于三个倾角为56°的轨道平面内。此外，伽利略系统还有两个地面控制中心来维护卫星运作。

作为欧盟独立开发的全球卫星导航系统，伽利略系统旨在提供高精度和高可靠性的定位服务，确保系统的运行不受军事控制，能够实现全球范围内的导航和定位。伽利略系统的一个显著特点是其开放性，该系统能与美国的GPS系统及俄罗斯的格洛纳斯系统兼容并协作，用户在未来有望通过一个多模式的接收器接入各个系统，或者利用多系统的数据组合来满足精确导航的需求。

伽利略系统的优势还表现在其能够提供实时、高精度的定位信息，并能确保在复杂环境下仍能持续服务。若服务出现异常，系统也能在数秒内通知用户。伽利略系统在精确度方面超越了美国的GPS系统。

4. 中国的北斗卫星导航系统

北斗卫星导航系统（简称"北斗系统"）是中国独立开发的一个全球卫星导航系统，与美国的GPS系统、俄罗斯的格洛纳斯系统以及欧盟的伽利略系统齐名。该系统包括5颗运行在静止轨道上的卫星和30颗运行在非静止轨道上的卫星。到了2020年，北斗系统实现了全球覆盖的目标，标志着中国成为继美国和俄罗斯之后，第三个拥有独立卫星导航能力的国家。

北斗系统自建成以来，在多个领域中得到了广泛应用，如在测绘、电信、水利管理、渔业、交通运输、森林防火、灾害防救以及公共安全等方面，均显现出了巨大的经济价值和社会效益。值得一提的是，在北京奥运会和汶川地震抗震救灾工作中，北斗系统发挥了重要作用。

（二）全球定位系统的应用

1. 汽车自定位、陆地救援

三维导航是GPS的一个核心功能，它为飞行器、船只、汽车和步行者提供了精确导航的能力。基于GPS技术发展出的汽车导航系统代表了这一领域的先进技术，这种系统通常包含GPS导航模块、独立导航设备、微处理器、车速感应器、陀螺感应器、CD-ROM驱动器以及LCD显示屏等。GPS结合电子地图能够实时展现车辆所在的确切位置，并允许用户放大、缩小、恢复和切换地图视图。随着目标移动，屏幕上的相关信息会更新，保证目标始终显示。除此之外，GPS和监控管理系统能够为遇险或出事故的车辆提供紧急救援服务，监控中心的电子地图会显示求救信息和警报目标，其系统会制订最佳救援方案，并通过声音和光线报警提醒值班人员及时处理紧急情况。

2. 铁路运输管理

在中国，铁路运输领域通过整合全球定位系统（GPS）与计算机信息管理系统，实现了对铁路网内运行列车的实时监控。该系统能够动态追踪货物的流向，并管理货运过程，用户仅需输入货车的型号和车号，便能在庞大的铁路网中快速查找到特定的货车。该系统可以确切显示货车的当前运行轨迹、停靠位置，以及所携带货物的信息。此系统既提升了铁路网络的运营效率，也增强了运营的透明度。铁路部门利用这一系统可以更高效地安排列车运行时间，提供更为精确的货运追踪服务。对于货物所有者而言，这意味着他们能够享受到更加优质的服务。准确的货物跟踪和透明的运输信息还有助于提升客户信任，为铁路物流业务带来更大的商业价值。

3. 水路运输管理

在水路运输管理中，GPS技术为船舶提供了精确的位置信息，确保了海上航行的安全与高效。它能够规划航线，降低了迷航的风险，提高了航行速度和货物运输的时效性。这种技术在现代航海中已经成为标准配置，对提升航运安全和经济效益发挥了不可替代的作用。特别是在中国三峡工程的实施过程中，GPS技术发挥了巨大作用。三峡工程作为一个跨世纪的大型水利枢纽工程，不仅涉及水电生产，还包括对长江中游航道的大幅度改善。通过使用GPS技术，工程建设者能够精准确定航道改造的位置，优化航道设计，确保航道畅通无阻。这一技术的应用大幅提高了整个长江航运的效率，对航运业及相关产业的发展产生了深远影响。如此应用展示了高科技在传统行业中的革新潜力，也标志着水路运输管理进入了数字化、智能化时代。

4. 空中交通控制

空中交通控制的基本职能是确保飞机在发出的命令与控制之下进行安全和高效的飞行。一旦发生飞行事故，后果通常比较严重，如飞机损毁和人员伤亡，人员生还的可能性非常小。如今，飞机数量激增，航线密集，并且经常需要通过比较危险的区域，这无疑增加了飞机相互干扰及遇险的概率。在这种背景下，有效的空中交通控制显得尤为关键。

空中交通控制的任务是防止飞机相互碰撞及与地面或车辆相撞。在飞行中遵守规定的最低安全高度，在着陆过程中遵循规定的最低下降高度，都是防止飞机与地面发生碰撞的重要方法。另外，对地面交通的监控也是至关重要的，它可以防止飞机在地面移动时发生相互碰撞事件，也可以预防在近地飞行阶段，其他飞机或车辆侵入跑道而导致的潜在事故。要想采用这些安全措施，需要提供空中交通信息，目前主要通过雷达和GPS系统来获得这些信息。

虽然目前GPS系统只能作为民用导航的一个辅助工具，但随着完好性监控和报警系统问题的解决，GPS有望成为唯一的导航手段。应用这一系统将能缩短机场飞机的起降时间间隔，减少飞机误点现象，增强起飞和降落的安全性。

第五章　跨境电商供应链绩效管理数字化分析

第一节　跨境电商供应链绩效评价模型

一、跨境电商供应链平衡计分卡

供应链平衡计分卡（supply chain balanced score card，SCBSC）是一种被广泛认可的、全面的供应链绩效评估方法。该方法起源于企业内部的平衡计分法，区别在于它将企业内部运营方面的评价指标应用到供应链运营上，并保持财务指标、客户价值指标和未来发展方面的指标不变。

平衡计分卡的理念强调企业的成功不只取决于利润率和资产回报率等经济指标，也就是说，仅仅考虑股东价值的创造是不够的。企业需要全面考虑其运营的各个方面，这样才能实现长期的发展。对于跨境电商企业来说，可以采用供应链平衡计分卡的方法来评估其供应链的绩效，具体如图5-1所示。

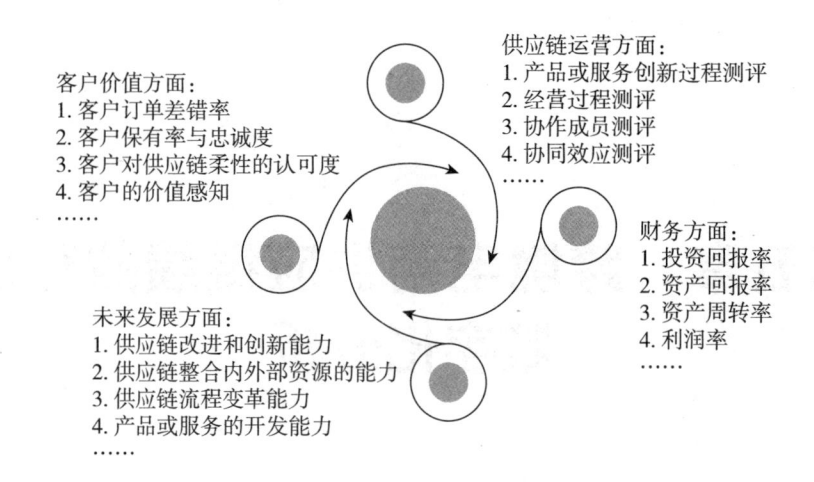

客户价值方面：
1. 客户订单差错率
2. 客户保有率与忠诚度
3. 客户对供应链柔性的认可度
4. 客户的价值感知
……

供应链运营方面：
1. 产品或服务创新过程测评
2. 经营过程测评
3. 协作成员测评
4. 协同效应测评
……

财务方面：
1. 投资回报率
2. 资产回报率
3. 资产周转率
4. 利润率
……

未来发展方面：
1. 供应链改进和创新能力
2. 供应链整合内外部资源的能力
3. 供应链流程变革能力
4. 产品或服务的开发能力
……

图 5-1　跨境电商供应链平衡计分卡

二、跨境电商供应链平衡模型

鉴于跨境电商供应链的特殊性，对图 5-1 跨境电商供应链平衡计分卡进行综合和完善，构建出跨境电商供应链平衡模型，如图 5-2 所示。该模型包括四个子模型：一是购买行为子模型，对应客户价值方面；二是运营子模型，对应供应链运营方面；三是财务子模型，对应财务方面；四是投资子模型，对应未来发展方面。

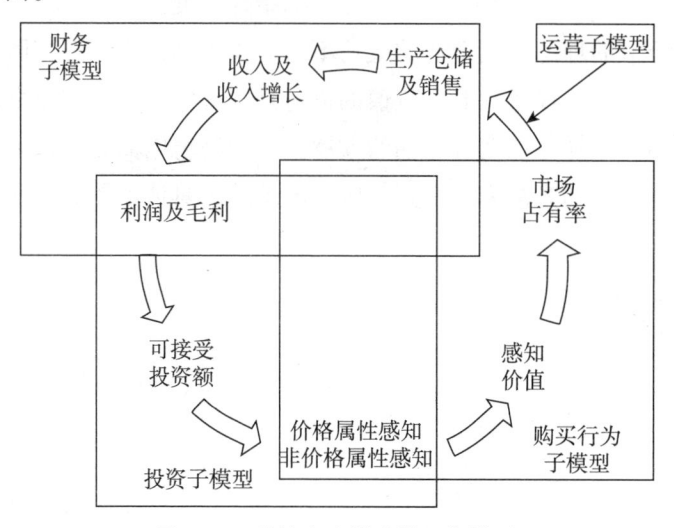

图 5-2　跨境电商供应链平衡模型

（一）购买行为子模型

购买是顾客基于其需求而做出的决定，而购买行为是顾客在对比其他产品的基础上，对某个产品的感知价值作出的响应。购买行为子模型内容如图 5-3 所示。

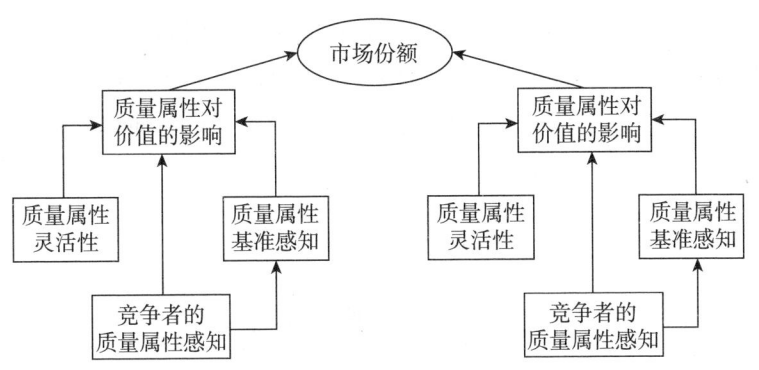

图 5-3　购买行为子模型

（二）财务子模型

财务子模型关注产品和市场战略是如何影响业务收入的，以及这些收入又是如何与产品的利润挂钩的，其具体内容如图 5-4 所示。

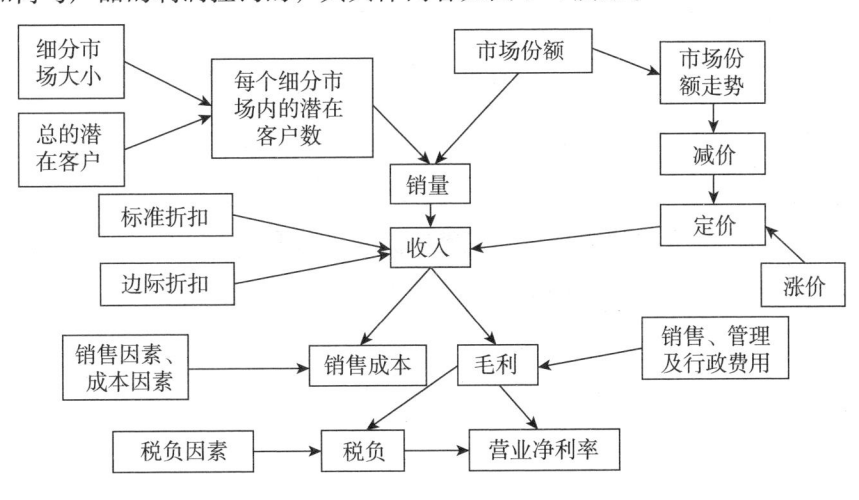

图 5-4　财务子模型

(三)投资子模型

投资子模型着重于分析整个财务年度的投资规划和目标,其主要功能是识别和分析那些会影响投资决策的关键变量,帮助企业决定是坚持原有的投资计划还是进行调整。投资子模型内容如图 5-5 所示。举例来说,若毛利有望实现增长,且通过增加投资带来的收益增长速度满足投资制约因子的要求,那么企业应考虑增加投资。新增的投资将用于加强供应链的改进和创新能力,增强企业整合内外部资源的能力,提升流程变革的能力,以及加强产品或服务的开发能力。

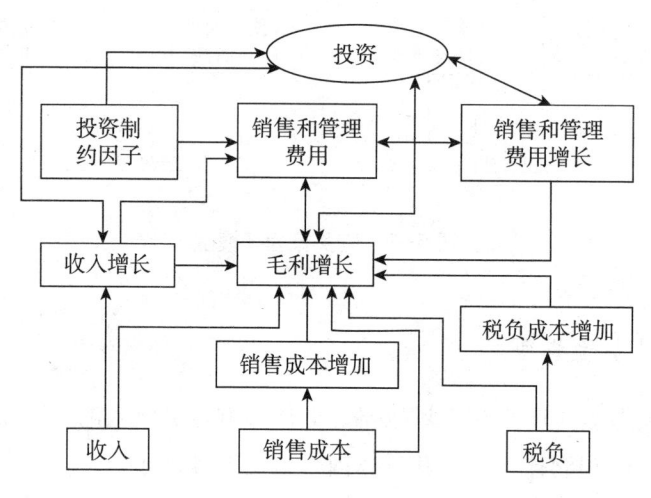

图 5-5 投资子模型

(四)运营子模型

运营子模型涉及跨境电商供应链整体流程,即采购—生产—库存—仓储运输—收入定价。它们间的影响如图 5-6 所示。

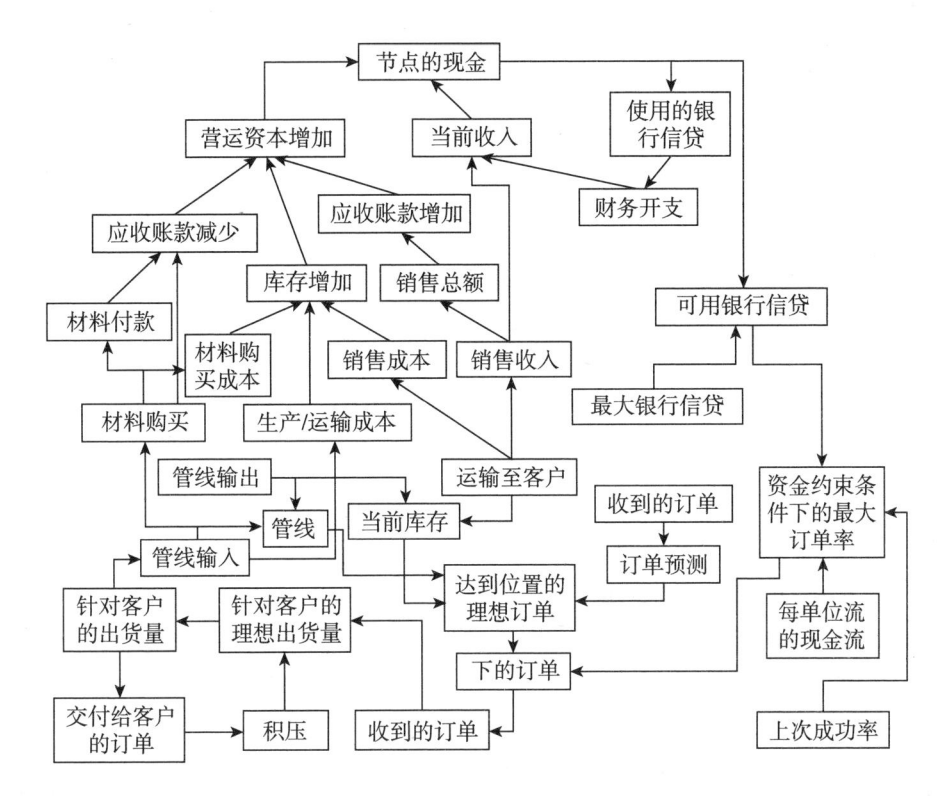

图 5-6 运营子模型

第二节 跨境电商供应链绩效的驱动因素

供应链战略的核心目标在于寻找响应能力和效率的最佳平衡点，以确保其与企业的竞争战略相匹配。为了有效实现供应链绩效管理目标，跨境电商企业在构建其供应链时，要精准把握五个基本因素和三个辅助因素，而对这些因素的综合运用将直接影响到跨境电商供应链的总体剩余价值。本节为跨境电商供应链绩效的影响因素构建了一个系统架构，其内容和细节展示如图 5-7 所示。通常情况下，跨境电商企业会先确定其竞争战略，然后基于此制定供应链战略，以确保供应链在效率和响应能力两方面的最优运作。

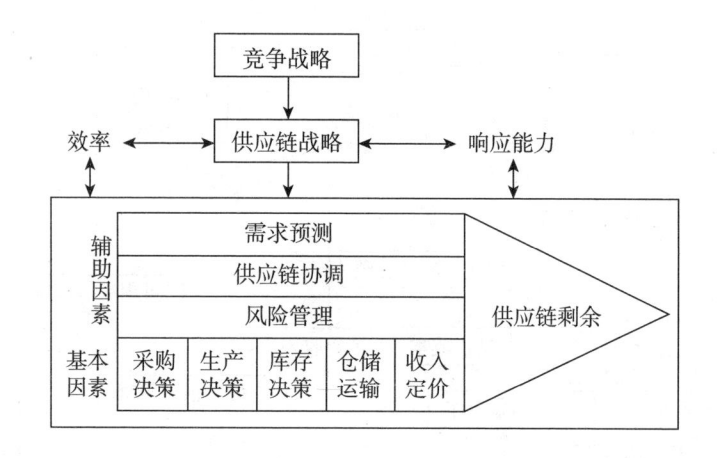

图 5-7 跨境电商供应链绩效影响因素的系统架构

要想探究跨境电商如何通过供应链提升响应能力和效率，必须关注影响供应链绩效的八个驱动因素，其中包括五个基本驱动因素——采购决策、生产决策、库存决策、仓储运输、收入定价，以及三个辅助驱动因素——需求预测、供应链协调和风险管理。这些驱动因素相互影响，共同决定了供应链在响应能力和效率方面的表现。供应链管理的终极目标在于有效组织和协调这些驱动因素，以尽可能降低成本，达到期望的响应水平，提升跨境电商供应链的盈余。接下来将阐述这五个基本驱动因素和三个辅助驱动因素的具体内容，以及它们对跨境电商供应链的影响。

一、采购决策

（一）采购决策的基本含义

采购是购买所需产品和服务的一系列流程。跨境电商企业的管理者需要在每个业务流程中决定是选择响应能力较强的供应源，还是选择效率较高的供应源来完成任务，接下来决定是由跨境电商企业内部来执行，还是将其外包给第三方。

（二）采购对跨境电商供应链绩效的影响

采购的主要目标是提高整个供应链共享的总盈余。采购决策会影响销售、服务、产品成本、库存成本、运输成本和信息成本,而这些因素共同影响着供应链的效率和响应能力。如果第三方能够为供应链带来更多的盈余,那么外包就是有益的选择;如果第三方不能为供应链带来额外的盈余,或者外包的风险较高,那么供应链职能就应该留在企业内部执行。在财务报表中,采购成本应该列在销货成本项下,而欠供应商的款项应该列在应付账款项下。

以京东商城为例。该商城运用包括 RFID、EPC、GIS、云计算等在内的多种物联网技术,对特定地区进行全面分析,进而掌握该地区的客户分布、客户密度和订单密度等信息。借助这些数据,该商城能够预测各区域的产品销售情况,据此调整库存,确定商品采购量的区域分配及各个仓库的分配数量。从成本管理的角度来看,物联网技术助力采购人员做出更为合理的决策,提高产品的库存周转率,促使产品在仓库中合理分配,进而在采购、库存和物流等方面降低成本。销售数据也为供应商提供了补货的便利,进一步降低了交易成本、谈判成本、协调成本和信息成本。

(三) 采购绩效的衡量指标

1. 平均购买价格

平均购买价格指标主要反映在一定时期内,购买某种产品或服务所支付的平均价格。平均购买价格的计算应当依照每一价格下的购买数量进行加权。

2. 平均购买数量

平均购买数量指标主要反映每笔订单的平均购买量。其目的在于确保每笔订单在各个地点的总数量足够。

3. 供应质量

供应质量指标主要反映所供应产品的质量状况。

4. 供应提前期

供应提前期指标主要反映从下订单到收到产品的平均时间。较长的供应提前期会降低供应链的响应能力,并导致供应链中的库存量增加。

5. 按时交货比例

按时交货比例指标主要反映供应商按时交货的比例。

6.应付账款周转天数

应付账款周转天数指标主要反映从供应商完成供应链任务到获得报酬所需的天数。

二、生产决策

(一) 生产决策的基本含义

跨境电商在制定生产决策时,需考虑生产设施、设施布局及产能等关键因素。其具体内容如下:第一,需要确定生产设施是否应为柔性的、专用的,抑或是两者的组合形式;第二,需要选定放置设施的地理位置,其涉及对设施所在地的宏观经济、劳动力素质与成本、设施成本、基础设施状况、设施距离顾客和企业其他设施的远近、税收影响及其他战略因素等众多因素的评估;第三,需要确定设施完成其职能所需的产能。

(二) 生产对跨境电商供应链绩效的影响

在生产决策过程中,管理者需要在设施数量、设施产能、设施布局、设施柔性之间作出权衡。柔性产能虽然能适应多样化的产品生产,但效率相对较低;专用产能虽然只适用于有限种类的产品生产,但却能实现更高的效率。增加设施数量虽然会带来更高的设施成本和库存成本,但能够降低运输成本并缩短响应时间。提高设施的柔性或增加产能虽然会导致设施成本上升,但能够降低库存成本并缩短响应时间。从设施的布局来看,集中布局能够实现规模经济,降低成本,而分散布局能使企业更接近其顾客,更具响应能力。

虽然过剩的产能让设施能够灵活应对需求的波动,确保在需求上升时能够迅速增加产量,但过剩的产能意味着增加了成本,这会对设施的效率造成影响。相反,没有过剩产能的设施在生产产品时的效率更高,但其在面对需求波动时会显得手足无措。所以,跨境电商企业在确定设施的产能时需要仔细考虑,确保生产出充足的产品。

戴尔公司就是一个典型的例子,其核心经营理念是"按需生产",顾客可以直接订购个人电脑,然后戴尔公司根据订单进行生产。从订单确认、检验到产品交付客户,通常在订单发出的5到7天内完成。这种生产模式使戴尔公司在竞争中占据优势，如库存成本较低，无中间商成本，能及时生产具有最新技术的产品，实现个人电脑的直销。通过这种方式，戴尔公司和顾客实现了双赢。

（三）生产绩效的衡量指标

生产绩效的评估通常依赖于四个指标：

第一，产能。在特定条件下，产能决定了设施的利用率，即目前使用的产能占最大产能的百分比。

第二，产品种类。产品种类是指一组具有相似功能、用途、特性或成分的商品或服务的集合。随着产品种类的增加，生产成本和流程时间也会增加。此外，产品种类与平均生产批量密切相关。平均生产批量用于衡量每一批次的平均产量。大批量的生产虽然可以降低生产成本，但会导致库存的增加。

第三，单位生产成本。其指生产一单位产品所需的平均成本。单位生产成本可以按件、按箱或者按磅来度量。值得注意的是，单位生产成本与质量损失息息相关。质量损失用于衡量因产品缺陷而造成的生产损失占总产量的比例。不论是对生产绩效还是对响应能力，质量损失都会产生不利影响。

第四，实际平均流程时间/周期。其用于度量在一定时间段内（一周或一个月）生产所有产品所需的平均时间。实际平均流程时间/周期包括理论生产时间和各种延迟时间。设定订单的完成时间时应以这一指标为准。此外，生产/调试/停工/空闲时间也是评估设施性能的重要因素，它们分别表示设施生产产品的时间、调试准备的时间、因故障而停机的时间以及由于缺少产品可生产而闲置的时间。在理想情况下，设施的利用率由需求来决定，而不受设施调试或停工时间的影响。

三、库存决策

（一）库存决策的基本含义

库存决策是指跨境电商供应链管理者为了打造响应能力更强、更有效率的供应链所做的有关周转库存、安全库存、季节性库存和产品可获得性水平的决策。

周转库存是指为满足客户在供应商两次送货之间所发生的需求而储备的平均库存。其是大批量的物料生产、运输或采购的结果。

安全库存是为了应对需求超出预期情况所储备的库存，其目的是缓解需求的不确定性。

季节性库存则是为了应对季节性的需求波动而储备的库存。

产品可获得性水平是指利用库存产品按时满足的需求占所有顾客需求的比例。

(二) 库存对跨境电商供应链绩效的影响

在制定库存决策时，管理者需要在提升响应能力和提高效率之间做出权衡。增加库存可以提升供应链对顾客的响应能力，还能利用规模经济的优势，降低生产成本和运输成本。但是，这种做法会增加库存的持有成本。

周转库存的规模往往由大批量物料的生产、运输或采购决定。跨境电商企业进行大批量生产、运输或采购的目的是在生产、运输和采购过程中利用规模经济的优势。但是，规模的增加会导致持有成本的增加。这就需要跨境电商企业在制定库存决策时，对这些因素进行综合考虑，以确保供应链的高效运作。

安全库存是为了应对预期之外的需求，它是应对需求不确定性的重要策略。在一个完全可预测的世界里，只需依靠周转库存即可满足需求，但由于需求的不确定性，有可能出现超出预期的高需求，这时安全库存就显得尤为重要，它可以帮助企业满足这些超出预期的需求。确定合适的安全库存是管理者应做的事情。以在线服装零售商为例，其应准确计算出为应对"双十一"等购物节所需的安全库存量。如果安全库存过多，购物节过后未售出的衣服可能需要打折销售，这样就增加了企业的成本。相反，如果安全库存不足，企业就会错失销售机会，失去原本可以获得的利润。由此可见，确定合理的安全库存量是在库存积压造成的成本和库存短缺导致的销售损失之间找到平衡的关键。

季节性库存是跨境电商企业用来应对需求波动的重要策略。跨境电商企业可在销售淡季积累库存，为销售旺季的高需求做准备，特别是在跨境电商企业的生产能力无法满足需求的情况下。在此过程中，管理者要思考是否需要持有季节性库存以及需要持有的库存量。如果跨境电商企业可以在较低的成本下迅速调整生产系统，那么它可能不需要持有季节性库存，因为生产系统可以在不增加过多成本的情况下适应高需求。如果调整生产系统的成本较高，如需要雇用或解雇工人，那么保持稳定的产量并在销售淡季积累库存是明智的。管理者在决定持有多少季节性库存时，需要权衡持有季节性库存的成本与调整生产系统的成本。

产品可获得性水平也对供应链的绩效有影响。高产品可获得性虽然可以提高供应链的响应能力，但会增加成本，因为其库存利用率可能并不高。相反，低产品可获得性虽然可以降低库存持有成本，但会导致更多的客户需求无法得到及时满足。管理者在确定产品可获得性水平时，需要在提高产品可获得性带来的库存成本与无法及时满足客户需求造成的损失之间找到平衡。

（三）库存绩效的衡量指标

库存绩效可以通过以下五个指标来评估：

1. 平均周转库存

平均周转库存指标反映了企业所持有库存的平均数量。具体来说，平均周转库存可以从实物单位、需求天数和价值金额三个维度来衡量。

2. 平均安全库存

平均安全库存指标反映了补充订货到货后，企业手中持有的平均库存量。平均安全库存的测量单位应该是最小存货单位（SKU）。通常，可以依据每个补货周期手中持有的最低库存的平均值来计算平均安全库存。值得注意的是，脱销时间比例与平均安全库存紧密相关。脱销时间比例主要反映某一商品库存为零的时间占比，这一指标有助于估算在产品脱销期间的销售收入损失。

3. 季节性库存

季节性库存指标主要指为了满足特定季节的需求而储备的库存。季节性库存主要反映在扣除周期库存和安全库存后，产品销量与库存之间的差额。

4. 满足率（订单/需求）

满足率指标用于衡量利用库存满足订单或需求的比例。在计算满足率时，不应取时间的平均值，而应依据特定的需求单位（每千、每百万等）来计算。

5. 库存周转天数

库存周转天数指标反映的是一年内库存的平均周转时间，通常利用销货成本或销售收入除以平均库存来计算。

四、仓储运输

（一）仓储运输的基本含义

仓储运输是跨境电商供应链中的重要组成部分，包括仓储和运输两个环节。仓储环节主要涉及仓库的布局，其中包括集中或分散布局的选择，以及是否建立边境仓或海外仓的决策，这些都会影响跨境电商企业的运营效率和响应能力。运输环节则涉及将库存从供应链的一个节点转移至另一个节点，包括运输网络的设计和运输方式的选择。运输网络由运输方式、地点和产品运输线路构成，跨境电商企业需决定是直接从供应地运输至需求地，还是经过中间集散点。此外，跨境电商企业还需决定在每次运输中是否经过多个供给点或需求点。

传统运输方式有航空运输、卡车运输、铁路运输、管道运输，现如今，信息产品还可通过互联网传输。每种运输方式都有其独有的特点，如运输速度快、运输成本低等。跨境电商企业需根据这些特点，以及产品的特殊性，决定是自建物流体系还是利用第三方物流进行配送。

（二）仓储运输对跨境电商供应链绩效的影响

在制定运输决策时，管理者需在产品的运输成本（效率）和运输速度（响应能力）之间进行权衡，选择快速的运输方式虽然能提升响应能力，但会增加运输成本。

跨境电商企业可以利用运输来调整设施和库存的位置，实现效率与响应能力的最佳平衡。对于出售高价值产品的跨境电商企业来说，可以选择快速的运输方式来提升响应能力，并将设施和库存集中布局，以降低成本。对于销售低价值、高需求产品的跨境电商企业来说，可以在靠近客户的地方存放一定量的库存，然后通过海上运输、铁路运输等成本较低的方式从位于低成本国家的工厂进行补货。

自建物流体系虽然可以提升跨境电商企业的响应能力和服务质量，但效率较低，而利用第三方物流可以有效降低成本。

以京东商城为例，其运输配送环节的核心竞争力在于其自建的物流体系，该体系主要依靠GIS（地理信息系统）技术。京东商城与地图服务供应商合作，将其内部系统与GPS（全球定位系统）相连接，实现物流的可视化处理。在运送包裹和运输车辆上，均贴有EPC（电子产品代码）标签。相关人员在包裹出库时会利用RFID（射频识别）技术进行扫描，并与运输车辆相关联。当货车在路上行驶时，其位置信息会通过GPS实时传输到内部系统，并在网站地图上显示。通过GIS，物流管理人员能够即时在后台查看物流信息，如车辆的位置、停驻时间、包裹配送时间、配送员和客户的交接时间等。京东的物流管理人员通过分析这些信息，可以制订合理的人员调度计划，合理分配，缩短配送时间，完善配送流程。该系统还支持用户即时查询商品的运输信息，增强用户对商品的感知度。从成本管理的角度来看，这项技术的运用极大地优化了京东自身的配送计划，有效地降低了运输成本，而运输成本在跨境电商企业的总成本中占据着重要的比例。

（三）仓储运输绩效的衡量指标

仓储运输绩效的衡量指标主要有六个：

第一，仓储容量，是衡量仓储设施最大容纳能力的指标，与仓储设备的利用率密切相关。

第二，单位仓储成本，主要衡量存储单位产品的平均费用，反映出仓储的效率。

第三，订单处理时间，衡量跨境电商从接到客户的需求信息，到开始处理这些信息的时长，反映出商家的响应速度。

第四，平均向内运输成本，通常用于反映将产品运输至仓储设施的费用占销售收入或销货成本的百分比。理论上，该成本应该按照运送的每个单位产品来计算，但实际操作中往往较为困难，所以多将其作为销货成本的一部分来处理。从供应商的角度分配向内运输成本，通常能获得较好的效益。平均入库批次规模与平均向内运输成本呈正相关，前者衡量的是每批运至仓储设施货物的平均数量或金额。

第五，平均向外运输成本，反映了将产品从仓储设施运输至顾客手中的平均费用。在理想状况下，该成本应该按照运送的每个单位产品来计算，但实际操作中通常以销售收入的百分比来衡量。从顾客的角度分配向外运输成本，能够带来显著的好处。平均出库批次规模与平均向外运输成本呈正相关，前者衡量的是每批从仓储设施运出货物的平均数量或金额。

第六，各种运输方式的占比，反映了不同运输方式在总体运输中的比重。该指标为评估各种运输方式的充分性或不足性提供了依据。

五、收入定价

（一）收入定价的基本含义

定价是跨境电商企业对自己提供的产品和服务所收取的费用。定价策略包括定价与规模经济、每日低价与高－低定价、固定价格与菜单定价三个方面。

在供应链活动中，大多数情况下规模经济是可见的。由于工序转换，小批量生产的单位成本通常高于大批量生产的单位成本。同样，在运输货物时，使用一辆卡车将其运送到目的地通常比使用四辆卡车更为经济。在此过程中，管理者需要考虑如何定价，通常的做法是提高数量折扣，但在实施过程中必须保持谨慎，确保数量折扣与支撑流程的规模经济相符。

如在仓储式商店，通常采用每日低价策略，价格比较稳定。而在超市，大多采用高－低定价策略，每周都会有几种产品的价格大幅降低。每日低价策略能够使需求相对稳定，而高－低定价策略会在打折周时形成购买高峰，随后几周的需求通常会大幅下滑。这两种定价策略带来的不同需求状况都需要供应链来满足。

对于跨境电商企业而言，对其产品是收取固定价格还是按照其他属性（响应时间或交货地点）提供不同的价格菜单，是一项重要的决策。当供应链的边际成本或顾客的价值因某种属性而发生较大变化时，提供价格菜单通常是一种有效的策略。

（二）定价对跨境电商供应链绩效的影响

所有的定价决策都应以提升跨境电商企业的利润为最终目标，这要求相关人员必须深刻理解某项供应链活动的成本结构以及该活动能为供应链带来的潜在价值。采用每日低价等策略有助于形成稳定的需求，提升供应链的整体效率。

定价决策会影响选择购买跨境电商产品的顾客群体以及顾客的预期，还能决定供应链的响应水平和供应链需满足的目标客户群。此外，定价也可作为平衡供需的有效工具，尤其在供应链缺乏灵活性的情况下，可以通过短期折扣来消除供给过剩，或者通过在需求高峰期适当提高价格来鼓励生产更多的产品满足市场需求。

（三）定价绩效的衡量指标

定价绩效的衡量指标主要有四个：

第一，平均销售价格，衡量特定时间内供应链完成某活动的平均价格。销售价格的范围与平均销售价格紧密相关，前者测量的是在某特定时段内，单位产品的最高和最低销售价格之间的差异。

第二，平均订货量，主要反映每次订货的平均商品数量。根据平均销售价格、每笔订单的固定成本增量以及单位可变成本增量这些数据，可以评估完成供应链活动所需的总投入。

第三，利润率，通常用来衡量利润占收入的比例。为了优化定价策略，企业需要对各类利润率指标，如毛利润率、净利润率以及顾客类型等进行分析。单位可变成本增量是与利润率关系密切的一项指标，它反映的是随订货规模变动的增量成本，如邮购企业的拣货成本或制造厂的可变生产成本等。此外，每笔订单的固定成本增量也与利润率有紧密联系，该指标衡量的是与订货规模无关的增量成本，如制造厂的工序转换成本、订单处理成本以及运输成本等，而与邮购企业的装运规模无关。

第四，应收账款周转天数，主要用来衡量从销售完成到收到货款的平均时间长度。

六、辅助管理

（一）辅助管理的基本含义

辅助管理是供应链管理的重要组成部分，包括需求预测、供应链协调和风险管理三个方面的内容。

在设计供应链流程时，管理者需要确定这些流程是属于推动流程还是拉动流程，并据此进行需求预测。在推动系统中，企业先要进行需求预测，制订主生产计划，然后反向推导，为供应商制订采购计划。而在拉动系统中，企业根据实际需求，在整个供应链上迅速传递信息，使得产品的生产和配送能够精准地反映实际的需求情况。此外，拉动系统也需要根据需求预测来进行各个模块的库存和生产安排。

供应链协调是供应链各环节在共享信息的基础上，为实现供应链整体的盈利能力最大化而共同努力的过程。如果缺乏协调，就有可能导致供应链利润的重大损失，故供应链的各个环节需要适当地共享信息，以实现协调的目标。例如，在拉动系统中，如果供应商想要按时为制造商提供合适的零件，那么制造商就必须与供应商共享需求和生产的相关信息。可见，信息共享在供应链的成功运作中扮演着不可或缺的角色。目前，市场上有许多技术可以用来共享和分析信息，管理者需要决定使用哪些技术，以及如何将这些技术有效地整合到供应链中。

实行风险管理的目的是增加供应链的剩余价值。与过去的本地化供应链相比，如今的全球供应链面临着更多的风险因素，如供应链中断、供应链延迟、需求波动、价格波动和汇率波动等。正如全球金融危机所展现的那样，低估全球供应链中的风险因素，以及没有制定相应的风险应对策略，都可能导致严重的后果。全球供应链的相关参与者必须了解这些风险因素，并制定合适的风险管理战略，以保障供应链的稳定运作。

（二）辅助管理对跨境电商供应链绩效的影响

跨境电商供应链绩效受需求预测的直接影响，如果需求预测不准确，就会在库存、运输、采购、定价以及信息管理等环节造成严重的资源配置失误。在网络设计方面，需求预测的误差会影响网络的质量。由于需求计划是基于预测制订的，所以跨境电商企业制订并执行的库存、运输、采购以及定价计划的准确性，取决于需求预测的水平。而在日常的运作层面，需求预测在跨境电商的日常活动中也扮演着重要的角色。

信息共享既能够提升企业的响应能力，又能够提升其运营效率。随着供应链中共享信息的增加，需要的基础设施及分析的复杂度和成本也会增加，并且随着信息量的增加，所提供的边际价值将逐渐降低。为了实现目标，共享最少量的信息是十分重要的。例如，零售商与制造商之间共享整体的销售数据就可以了，无须共享具体的销售点数据。通过共享综合信息，能够在较低的成本下获取信息，还能够在改善生产计划方面获得一些好处。所以，在建设信息基础设施的过程中，需要在复杂性与价值之间作出权衡。

跨境电商通常利用规模经济来实现高效运营，然而这也使其面临更多的风险，因为一旦供应链中的某一环节出现问题，将会对整个供应链产生影响；相反，分散化的运作方式能够增强供应链的响应能力。供应链网络设计在降低供应链风险方面扮演着重要的角色。需要注意的是，每一种缓解策略都需要付出代价，而且可能增加其他方面的风险。例如，增加库存可以降低因延迟导致的风险，但增加了因产品过时而报废的风险；拥有多个供应商能够降低因中断而造成的风险，但多个供应商会让协调难度增加。所以，在供应链网络设计中，根据具体情况制定缓解策略是非常重要的，目的是在缓解的风险量和因此而增加的成本之间找到一个平衡点。

以 ZARA 为例，ZARA 作为一家快速时尚服装零售商，通过自有、合资或连锁经营的方式，在全球范围内开设了数千家店铺，成为世界第二大服装零售商。ZARA 的店铺主要集中在欧洲和美洲，在中东、非洲和亚太地区也有分布。ZARA 拥有先进的规划和信息系统，使得店铺经理能够实时跟踪需求，并且根据客户需求和销售趋势在销售高峰期合理安排人员。店铺经理还可借助掌上电脑实时对服装进行排序，确保畅销品的排列得当。这一战略使 ZARA 在竞争激烈的市场中占据了有利位置。

（三）辅助管理绩效的衡量指标

1. 需求预测误差

需求预测误差指标用来测量预测需求与实际需求之间的差异。需求预测误差不仅能反映不确定性，也能针对不确定性提供相应措施，如保持安全库存或过剩产能。需求变动与订单变动的比例与需求预测误差关系密切，它测量的是需求订单与供应订单的标准差。比例小于1，则说明存在"牛鞭效应"。

2. 信息更新频率

信息更新频率指标反映每个预测多久更新一次。为了能够及时捕捉大的变动并采取相应的调整措施，预测的更新频率应高于决策的修正频率。

3.计划偏差

计划偏差是计划产量/库存与实际值之间的差异，它可以作为判断库存是短缺还是过剩的指标。

4.供应链中断比例

供应链的风险因素包括自然灾害、战争、劳资纠纷和供应商破产等，而供应链中断比例这一指标反映了供应链中断的风险程度。

第三节 跨境电商供应链绩效管理数字化

一、数字化技术与应用

数字化技术与应用是跨境电商供应链绩效管理中的要素之一。通过运用先进的技术手段和算法，企业能够更准确地预测市场的需求，更好地制定采购、生产和库存策略，提升整体的运营效率，降低成本。本部分介绍四种常用的数字化技术手段。

（一）数据挖掘技术

人工智能以及数理统计等技术的不断发展和融合催生了数据挖掘技术。数据挖掘技术的主要任务是从海量的数据中挖掘出隐藏的、潜在的、有价值的知识和信息。在数据挖掘过程中，分析工具的运用能够揭示出知识模型与数据间的关系，还能预测未知信息，为数据所有者创造出丰厚的利润和价值。自其诞生以来，一直受到诸多专家、学者的关注并成为他们研究的对象。在最初的发展阶段，数据挖掘技术主要应用于银行、证券、保险、电信、零售、交通、航空、石化和能源等领域，后随着计算机的普及和数据量的增加，在电子商务和快速消费品行业也取得了显著的应用成果。

在供应链管理中，数据挖掘技术主要应用于需求预测、库存优化、运输管理以及供应商选择等方面。

在需求预测方面，数据挖掘技术能够帮助企业分析市场需求和销售趋势，使其作出准确的预测。企业可以通过数据挖掘算法模型，预测未来的市场需求，准确的需求预测对于企业制订生产计划、优化库存、降低成本等方面都有重要的意义。

在库存优化方面，数据挖掘技术可以帮助企业分析各种因素对库存的影响，使其制定合理的库存政策。企业可以通过数据挖掘算法模型，找出影响库存的关键因素，优化库存水平，减少库存成本，提高库存周转率。

在运输管理方面，数据挖掘技术可以帮助企业分析运输过程中的各种因素，优化运输路径，降低运输成本。企业可以通过数据挖掘算法模型，找出最优的运输路径，实现运输成本的降低和运输效率的提升。

在供应商选择方面，数据挖掘技术可以帮助企业分析供应商的绩效，从而选择合适的供应商。企业可以通过数据挖掘算法模型，找出合适的供应商，实现采购成本的降低和供应链的稳定。

（二）机器学习技术

机器学习是人工智能领域的关键技术，其核心研究内容是计算机如何模拟或实现人类的学习行为。也就是说，通过搜集和分析大量的数据，计算机能够不断提升自身的性能。例如，当机器学习系统接入了关于信用卡交易的数据库信息时，它便能预测信用卡交易中的欺诈行为。目前，机器学习技术应用于人工智能的众多领域，任何产生大量数据的活动都可以成为机器学习技术发挥作用的领域。值得注意的是，可获取的有效数据的规模越大，机器学习技术的价值和潜力越显著。

机器学习技术在跨境电商供应链绩效管理中的应用主要体现在其强大的数据处理和分析能力上。机器学习技术可以通过分析历史数据，学习和识别供应链中的模式和规律，并对未来的供应链运作模式进行预测。例如，通过分析过去的订单数据，机器学习系统可以预测未来的订单数量，帮助企业合理安排生产和库存，避免因过多的库存造成的资金占用。机器学习系统还可以分析供应商的历史绩效数据，识别出可靠的供应商，降低供应链中的风险。

除了预测和优化，机器学习技术还可以用于供应链中的异常检测。通过实时监控和分析供应链中的各种数据，机器学习系统可以及时发现异常情况，如供应商迟延交货、产品质量不合格等，使企业能够及时采取措施，防止问题扩大。

（三）大数据分析技术

大数据分析是指对规模巨大的数据进行分析。大数据可以概括为五个 V，即数据量大（Volume）、速度快（Velocity）、类型多（Variety）、价值（Value）、真实性（Veracity）。

物流领域涉及诸多复杂的流程，业务处理包括客户订单、运输情况、设备的位置和状态等信息。伴随着数字化转型的深入和物联网的广泛应用，物流行业正逐渐积累大量的数据。随着企业数据存储从传统的数据中心向云平台迁移，数据的收集、存储和处理获得了更大的灵活性，但现在，这些海量的数据多数未能得到系统和有效的利用。大数据分析技术的应用有助于挖掘数据的内在价值，进而提升物流流程的透明度，优化供应链绩效管理的流程和方法。

（四）专家系统

专家系统可以定义为一种拥有特定领域大量知识与经验的程序系统。它以某一领域的一个或多个人类专家的知识和经验为基础，模拟人类专家解决问题的思维过程，解决该领域内的各类问题。

跨境电商供应链绩效管理涉及多个环节，如订单处理、运输跟踪、仓储管理等。在这些环节中，专家系统的应用能够极大地提升供应链的效率。专家系统通过整合专家的知识和经验，辅助决策者进行更为准确的判断和决策。例如，在订单处理环节，专家系统能够根据过往的数据和经验，预测未来订单的数量和类型，为仓储管理和运输安排提供依据。在运输跟踪环节，专家系统能够分析运输过程中可能遇到的问题，如天气变化、海关政策变动等提前预警，帮助企业及时调整运输计划，确保货物安全和准时交付。

二、信息共享的数字平台与效益分析

在跨境电商供应链绩效管理中，运用信息共享的数字平台是保障整个供应链运作的核心环节。该数字平台中包含供应链中的参与方，如供应商、物流公司、仓储公司、零售商等。该数字平台的应用，能够实现信息的实时共享，提高供应链的整体运作效率。

运用信息共享的数字平台可以获得以下四个方面的效益：

（一）提升供应链的透明度

通过信息共享的数字平台，各供应链参与方能够实时查看订单的状态、货物的运输动态等信息，提高了供应链的透明度，各方能够及时作出反应，提高整个供应链的响应速度。

（二）优化库存管理

信息共享的数字平台通过对销售数据的分析，能够预测市场的需求趋势，帮助企业及时调整库存的数量和结构，防止库存积压或断货的情况发生，降低企业的运营成本。

（三）提高订单处理效率

信息共享的数字平台能够实时发布订单的状态，使得各方能够实时了解订单的进度，减少因信息不对称而导致的时间成本，提高订单处理的效率。

（四）降低运输成本

通过对运输数据的分析，企业能够选择最优的运输方案，避免重复运输和空载运输，降低企业的运输成本。

然而，在实际应用中，信息共享的数字平台也面临一些挑战，如数据的安全性、隐私保护等问题。因此，企业在引入信息共享的数字平台时，需要制定相应的安全措施，确保数据的安全和对隐私的保护。

三、跨境电商供应链绩效评估数字化

（一）利用大数据分析技术进行供应链的绩效评估

大数据分析技术能够处理和分析大量的数据，帮助企业全面了解供应链的运作状况，进而更准确地评估供应链的绩效。通过对供应链中各环节产生的数据进行深入分析，企业可以了解到哪些环节的效率较高，哪些环节存在瓶颈问题，这样可以为企业的决策提供科学依据。此外，大数据分析技术还能够帮助企业预测市场的需求趋势，使其调整供应链的运作模式。

（二）利用云计算技术进行供应链的绩效评估

云计算技术依托强大的计算能力和存储能力，帮助企业有效处理和存储供应链中产生的大量数据。通过将供应链中的数据存储在云端，企业可以实现数据的集中管理，更方便地对数据进行分析，这样有助于评估供应链的绩效。此外，云计算技术还能够提供弹性计算，帮助企业更好地应对市场的变化。

（三）利用物联网技术进行供应链的绩效评估

物联网技术能够实现物品的互联，帮助企业更好地追踪供应链中的物品，从而更准确地评估供应链的绩效。通过将供应链中的物品信息上传到互联网，企业可以实时获取物品的位置和状况，更好地控制供应链的运作，提高供应链的效率。此外，物联网技术还能够帮助企业实时监控供应链中的环境状况，如温度、湿度等，以保障物品的质量。

（四）利用区块链技术进行供应链的绩效评估

区块链技术能够提供安全、透明、不可篡改的数据存储和交换平台，帮助企业更好地管理供应链中的数据，从而更准确地评估供应链的绩效。通过将供应链中的数据存储在区块链上，企业可以实现数据的共享，更好地协同工作，提高供应链的效率。

第六章　跨境电商供应链采购管理数字化分析

第一节　跨境电商采购概述

一、采购的含义

企业获取市场供应的产品或服务，并将其转化为自身的资源，以保障正常的生产和运营活动的过程称为采购。采购的主要职责在于协助企业从供应商处获取所需的资源。此外，采购不仅是购买的过程，还涵盖前期的供应商选择以及后期的采购结果评估。

对于跨境电商企业而言，采购过程更为特殊且充满挑战。其主要内容如下：一是跨境电商的产品更新迅速，生命周期短，且市场需求波动较大，这些特点决定了跨境电商企业要采取小批量、多批次的策略进行采购，但这容易导致采购成本的上升；二是许多跨境电商企业的销售地点位于国外，这就使得采购与销售地域相分离，使得产品的提前期增加，需求预测也变得更为困难，这对企业的反应速度和运输能力提出了更高的要求；三是跨境电商企业还需要面临各种跨国风险，如汇率风险、政治风险和运输风险等。由此可见，采购环节对于跨境电商企业至关重要，良好的采购管理可以为企业带来更大的竞争优势。

企业的采购不只是产品的买卖过程，而应该被视为整个供应链的一环。从供应链的视角审视采购，企业需要从最初的搜集供应商信息开始，到最终的采购结果反馈，完成整个采购流程。这个过程需要采购企业、供应商以及供应链上的其他相关企业共同参与。供应链的最终目标是实现利润的最大化，对此，各参与方需要共同努力，不断优化采购环节，以达成这一目标。

二、采购的特点

（一）库存周转的迅速性

在跨境电商的采购流程中，迅速地满足消费者需求是关键。跨境电商企业可通过降低库存，提升库存周转率，逐渐从"为库存而采购"转为"根据订单而采购"。

（二）批次的多样性和量的灵活性

为提高库存周转的速度，跨境电商企业可采用多批次、少批量的采购策略。这样的操作，对供应商提出了更高的要求，也相应地增加了供应商的生产成本。

（三）采购的全面性

在采购过程中，所有的供应商均有机会向采购方投标；相反，采购方也可以调查所有的供应商。这样能够拓宽供应商的范围，从而实现规模效益。

（四）采购的互动性

在跨境电商采购过程中，采购方与供应商通过电子邮件等实时通信工具进行信息交流，这样不仅便捷、迅速，而且成本较低。

（五）采购的透明性

在跨境电商采购过程中，实现采购流程的公开、公平、公正至关重要，要杜绝腐败的产生。将采购信息在网络上公开发布，由计算机系统根据设定的标准自动进行供应商的选择，有助于实现实时监控，使采购过程更加透明、规范。

（六）采购流程的标准化

依据标准流程进行采购，能够规范采购行为，整顿采购市场，减少采购过程的随意性。

（七）采购管理的供应链化

采购方可通过电子商务网站将采购产品数量、质量、交货期等信息传递给供应方，并根据市场需求及时调整采购计划，保证供应方严格按照要求提供产品。

三、采购的形式

（一）自主采购

在自主采购的过程中，跨境电商企业首先需在众多品牌中筛选出合适的产品。考虑到大多数跨境电商企业无法获得国际大牌的授权，选择合适的产品显得尤为关键。跨境电商企业可选择国内市场上较大规模的品类、选择在国外有一定知名度的品牌以及选择与国内产品有明显差异的产品。这些策略有助于企业在品牌海洋中挑选出合适的采购商品。

此外，企业的规模和采购产品的不同也会影响其选择的采购平台。对于大型制造商而言，其稳定的大量订单足以使其获得规模经济的利益，因此选择独立采购零部件是划算的。而对于规模较小的企业来说，由于订单不稳定或规模较小，进行独立采购并不划算，因此会在第三方平台上进行采购，虽然这样可能会失去独立采购的价格优势，但可以更灵活地满足小规模企业的不稳定需求。

（二）外包采购

企业在选择外包时，需要考虑外包是否能够为整个供应链带来更大的盈余。供应链盈余是指产品为顾客创造的价值与将产品传递给顾客的过程中所产生的总成本之间的差值，这部分盈余是供应链所有活动带来的附加价值，也是供应链中所有参与者共享的利益。所以，外包的前提是它能够提升整个供应链的盈余，并且供应链中每个参与者所获得的利润应与其对盈余的贡献成正比。

对于那些能力有限或自主采购会增加运营成本的企业来说，选择将采购流程外包给第三方供应链服务商是明智的选择。通过外包，企业可以较低的成本获得第三方供应链服务商的专业服务，提升整体的供应链盈余并取得更佳的采购效果。第三方供应链服务商通常能够通过整合多个企业的订单、库存和运输等资源，获得规模经济的效益，进一步提升供应链的盈余。这也正是企业愿意将采购外包的核心原因。

外包主要分为在岸外包和离岸外包两种。在在岸外包中，外包商与供应商位于同一国家，因此外包工作是在国内完成的。例如，中国企业如果选择国内的外包商，则属于在岸外包。与之相对的是离岸外包，在离岸外包中，外包商与供应商位于不同的国家，所以外包工作是在国际范围内完成的。通常，选择离岸外包的主要原因是追求更低的成本。

（三）B2B 电子采购

B2B（business to business）电子采购是一种通过网络平台实现的商对商的电子交易模式。随着时代的发展，B2B 电子采购逐渐成为跨境电商企业的首选采购方式。随着这一采购模式的不断发展，国内的电商企业逐步投入电子采购的浪潮中。

与传统的采购方式相比较，B2B 电子采购拥有以下三方面的优势：

1. 缩短采购流程的时间

当企业通过线下渠道进行采购时，需要耗费大量的时间和精力去寻找合适的供应商。而在线采购平台能够帮助采购企业找到合适的供应商，并通过在线下单的方式完成采购，这样可以减少寻找供应商的时间，并缩短订单的下达时间，极大地提升了整个采购流程的效率。

2. 降低采购成本

B2B 电子采购的优势在于，其能够将众多供应商汇聚在一起，通过电子商务的形式，高效完成订单处理。这意味着采购企业可以在较短的时间内，以更低的成本完成采购确认。同时，由于 B2B 电子采购通常采用竞价的方式，所以企业可以清晰地了解到各个供应商的报价情况，从而选择成本最低的供应商进行合作。在传统的采购模式下，企业通常需要进行大量的采购才能享受到规模经济和数量折扣的好处，但在在线采购平台上，多个小规模的采购企业可以共同对一个商品进行采购，获得规模经济的效益（即长尾效应），进一步降低采购成本。

3. 提升采购的公平性

在线采购平台上汇聚了众多的供应商，采购方可以清晰地了解各供应商的供货周期、产品质量和客户评价，这种透明化的信息展示有效地减少了因信息不对称带来的风险，提升了采购的公平性。

四、跨境电商采购的特殊性

相较于一般的企业，跨境电商企业的采购更具有特殊性，其特殊性主要体现在以下三个方面：

第一，跨境电商企业的产品更新换代较快，产品生命周期短且需求波动较大。为应对这种情况，跨境电商企业通常采取小批量、多批次的采购策略，然而，这种策略会不可避免地导致采购成本的增加。

第二，跨境电商企业的销售活动大多在海外进行，这意味着采购与销售地域相分离，进而导致产品的提前期延长。这种地域分离也增加了需求预测的难度，使企业在反应速度和运输能力方面面临更大的挑战。

第三，在跨境电商的运营过程中，企业还需要面对汇率风险、政策风险、结算风险和运输风险等，这些风险对企业的采购管理提出了更高的要求。

五、跨境电商的采购流程

跨境电商的采购流程是供应商的选择—与供应商谈判—产品的设计定制—实际的产品采购—对采购结果的评价和反馈，具体如图6-1所示。

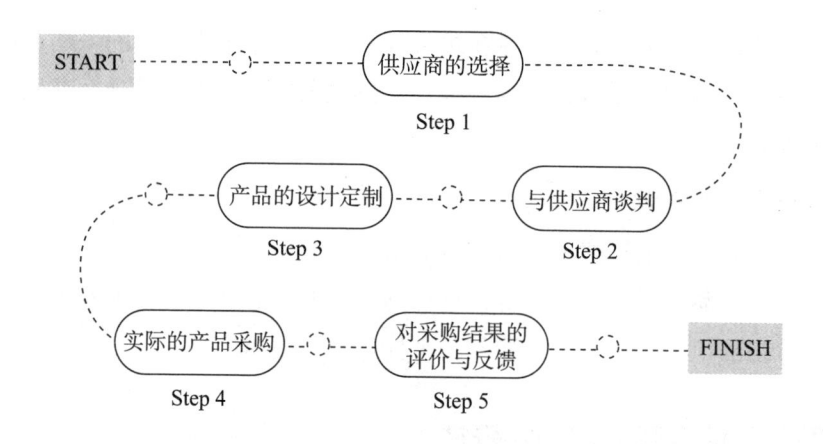

图 6-1　跨境电商的采购流程

在对供应商的选择过程中，企业需要根据各供应商的绩效评分，选择最合适的合作伙伴。在评估供应商时，企业既需要参考其提供的产品价格，又需要考虑其对供应链盈余的贡献和对总成本的影响。完善的供应商评估过程应该涉及所有可能影响交易总成本的因素，从而得到综合的供应商评分。值得注意的是，选择供应商不是一步到位的，而是在初步评估后，再与符合条件的供应商进行详细的谈判，最终确定合作对象。

谈判是获取更合理价格和降低总成本的重要手段。企业可以通过谈判，从众多供应商中选择成本最低的一家进行合作。设计定制则是在产品设计阶段就让供应商参与进来，与供应商在设计上达成协同，降低产品成本，并确保产品供应的及时性和效率，达到提升供应链盈余的目的。设计定制过程中还包括采购合同的设计，通过设计不同的合同条款，可以激励供应商创造更多的供应链盈余，并降低双重边际化的影响，以及信息扭曲的程度。

企业在采购时应针对不同的物品采取不同的采购方法，确保生产的顺利进行。在完成采购后，企业需要进行总结分析，整理供应商在采购流程中的表现，将其相关结果存储到企业的数据库中，以便对供应商进行有效管理，降低采购风险。

跨境电商企业多数不通过整合上下游供应链进行独立生产，而是外购原材料或零部件，这使得销货成本占据了企业成本的较大部分。如果能够显著降低销货成本，企业将获得更大的竞争优势。

良好的采购决策可以使企业在以下四个方面受益：第一，通过集中采购订单，企业能够实现规模经济效应，有效地降低采购成本；第二，对于单位成本较高的零部件，与供应商协同设计能够更加快速、准确地生产出所需的产品，进而降低总成本；第三，通过与供应商的合作，信息得以共享，降低了库存量，能更好地满足需求；第四，通过合同设计，供应商的目标与企业的目标可以保持一致，降低信息扭曲和目标不一致带来的成本。

第二节　跨境电商采购计划

采购计划是采购作业中的重要一环，采购计划会影响后续工作的开展，采购计划做得不准确，容易造成生产中断、销售缺货等，由此带来的损失是不可估量的。

跨境电商采购计划涉及产品选择、供应链管理、成本控制等多个方面。以下是跨境电商采购计划的具体内容：

一、市场需求分析

对目标市场进行深入分析，以了解消费者的需求、偏好，以及市场趋势、消费者反馈、竞争对手的产品。

二、产品选择与评估

根据分析的结果，确定要采购的商品种类和规格，涉及对产品质量、特性、价格区间以及与目标市场相关性的评估。

三、供应商选择与评估

识别并选择合适的供应商是采购计划的重要内容，包括对供应商的质量控制标准、生产能力、信誉、价格谈判能力和交货周期等进行评估。

四、成本与预算管理

明确采购成本，如商品成本、运输费用、关税、保险以及可能的风险成本。设定合理的预算，以控制成本并确保利润空间。

五、物流与运输安排

考虑运输方式（海运、空运等）、运输时间、运输成本以及关税政策，制定最优的物流方案。

六、库存管理

制定有效的库存管理策略，包括确定安全库存水平、制定及时补货机制以及避免库存积压。

七、质量控制

确保采购的商品符合目标市场的质量标准，如安全认证、环保标准等。

八、风险管理

评估与采购相关的风险，如供应商稳定性、汇率波动、政治与经济变动等，并制定应对策略。

九、合同谈判

与供应商进行有效的合同谈判，明确采购条款、价格、交货时间、违约责任等，这样有利于维护自身利益。

第三节 跨境电商供应链采购管理数字化

一、跨境电商供应链中供应商的分类与选择

(一)跨境电商供应链中供应商的分类

在跨境电商采购过程中,可以根据供应商提供的产品与服务的影响力及其在行业市场中的竞争地位,将供应商分为以下四种:

1. 战略性供应商

战略性供应商对跨境电商企业的战略发展至关重要,其提供的产品和服务对跨境电商企业的商品质量和物流运营有着深远的影响,甚至会影响跨境电商企业对消费者需求的满足。这类供应商在市场上竞争力强劲,提供的产品和服务往往高度个性化,具有唯一性,能满足特定跨境电商企业的需求。鉴于能够替代的供应商数量有限,更换供应商的成本相对较高,企业要与这些供应商建立长期的战略伙伴关系。

2. 有影响力的供应商

有影响力的供应商在其行业中处于领先位置,面临较高的市场进入障碍。这类供应商针对产品和服务已经确立了一定的质量和技术标准。跨境电商企业在与这些供应商合作时,需要形成一定的采购规模并签订长期的采购协议,旨在减少成本支出并确保所需物料能及时供应。

3. 竞争性供应商

竞争性供应商的产品虽然在技术上拥有独特性,难以被替换,但其价值并不高。跨境电商企业在与此类供应商合作时,要简化采购流程,以减少相关交易成本。

4.普通供应商

普通供应商虽然为跨境电商企业提供的增值相对较低，但其数量却很庞大，且更换供应商的成本并不高。针对这类供应商，跨境电商企业可以成本为依据，选择成本最低的供应商进行合作。在实践中，跨境电商企业可能会对供应商施加价格压力，并倾向于签订短期合同，以保持采购的灵活性和成本效率。

（二）跨境电商供应链中供应商的选择

1.跨境电商供应链中供应商选择的原则

在数字经济的背景下，选择合适的供应商异常重要。在跨境电商领域中，选择供应商是一项关键决策，它不仅涉及对各项提案和报价的分析比较，而且涵盖了从需求确认到最终选定供应商以及对其进行周期性评价的全过程。这个过程通常要遵循质量（quality）、成本（cost）、交付（delivery）与服务（service）等原则。

（1）质量原则。质量是选择供应商时最先考虑的因素。质量原则着重于衡量/评估供应商的质量控制能力以及其质量管理体系的稳定性。跨境电商企业必须验证潜在供应商是否建立了一套稳固且高效的质量保证系统，是否拥有生产指定商品所需的设备和技术能力。

（2）成本原则。成本原则要求跨境电商企业应用价值工程技术对商品进行成本分析，通过价格谈判实现成本节约。此外，还应评估供应商在成本核算和控制方面的能力，从而预测价格下降的可能性。

（3）交付原则。交付原则要求跨境电商企业密切关注供应商是否拥有充足的生产能力和在紧急情况下的应变供货能力。此外，供应商的人力资源充足性、生产扩展潜能同样重要，这些均能确保供应链的顺畅运作。

（4）服务原则。服务原则要求跨境电商企业关注供应商在生产过程中的质量控制能力及其在突发状况下的应急恢复能力，这样可以确保供应链稳定运作。

进一步地，跨境电商企业应审视供应商系统的兼容性以及安全性，这两个方面的表现能够反映出供应商在流程简化和优化方面的能力，及其执行精益生产和价格控制等策略的有效性。

2. 跨境电商供应链中供应商的数字化选择策略

第一，建立供应商数据库。数据库汇集了供应商的各种数据，包括但不限于交货的准时率、产品质量合格率、服务响应时间。通过对这些数据的分析，企业能够评估每个供应商的可靠性和效率，从而选出最适合的供应商。对这些数据的分析还有助于识别供应商在供应链中的潜在风险和弱点，使企业能够预防可能的供应链中断和质量问题，并为与供应商的沟通提供了强有力的事实基础。随着时间的推移，这些数据支持企业在绩效基础上进行战略调整，促使供应商持续改进，并深化双方的合作关系。

第二，应用供应商评分系统。该系统按照预设的评估标准，如成本控制、质量保证、交货速度及服务质量等，自动对供应商的每个方面进行打分。其评分结果不是静态的，而是根据最新的交易和互动实时更新，确保每个评分都反映了供应商当前的实际表现。采用这种动态评分机制，跨境电商企业可以迅速识别出表现最优秀和需要改进的供应商。例如，在需求急剧变化或市场出现波动时，供应商评分系统可以迅速指出哪些供应商能够适应这些变化。该系统还可以促使供应商自我完善，因为高评分很可能会带来更多的业务机会。

二、跨境电商供应链中的供应商谈判

（一）采购的价格

准确预估采购成本对于买方来说是提升谈判优势的重要步骤。买方需对商品的生产成本作出合理的预估，因为只有当采购价格超过这一成本时，交易才可能进行。买方可以通过与供应商的沟通、历史数据分析、计算组成产品的部件与加工成本以及参考行业专家的意见等方式，来预估产品的概略成本。

除了对成本的认知，企业还需要清楚自己在这次采购中希望获得的价值，包括产品本身的市场价值、通过采购节省的资金以及合作带来的协同效应。企业在考虑供应方的成本要求时，也要将自己所追求的价值作为制约价格的关键因素。

经过上述评估过程后，买方对于采购价格会有一个基础的预期。另外，企业还可以通过分析供应商的定价法来进一步增强自己的主导地位。供应商通常采取的定价法有四种：高额定价法、促销定价法、开拓定价法和买家定价法，具体如图 6-2 所示。通过深入理解这些方法，买方可以在谈判中获得更大的优势。

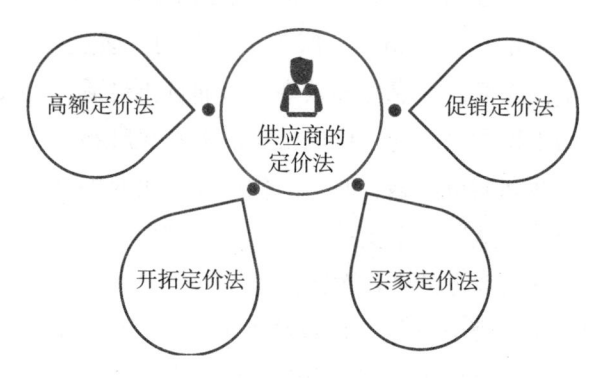

图 6-2 供应商的定价法

1. 高额定价法

采用高额定价法意味着产品标价比市场平均水平高，目的在于强调产品的卓越品质。这种方法适用于那些新推出的产品或与同类产品有明显差别的商品，如精品珠宝或豪车等，这些领域的企业倾向于采取高价位的定价手段。

2. 促销定价法

此定价方法通过提供折扣来促进产品销售，降低库存。商品零售公司如百货商场经常采用这种方法进行销售。当供应商采用促销定价法时，买方要认真查看其产品品质。

3. 开拓定价法

开拓定价法是以低廉的价格迅速占据市场份额。这是一种具有侵略性的定价方法，通常见于新兴企业，或者是那些企图快速进入并主导具有战略重要性市场的大公司。这是一种在短期内争夺市场的做法。

4. 买家定价法

买家定价法是根据买方的特定参数来设定价格。供应商通过这种定价方式试图洞察买方的潜在能力和对价格的预期。这是一种包含博弈成分的方法，在这种情形下，买方需展示自身的谈判实力，同时尽可能地了解供应商的成本结构。

（二）在线竞价

企业在采购时常采用在线竞价的手段进行对供应商的初步筛选。在线竞价是一种将招标程序、现代网络技术相结合的采购方式，通过递减报价的机制确定标的物归属，故有时也被看作一种拍卖方式。

在拍卖的初步阶段，企业会列明所需商品或服务的规格，并识别出合格的潜在供应商，这些供应商随后基于其提供产品或服务的预期报酬进行报价竞争。在筛选供应商时，采购企业需综合考虑多种绩效指标。虽然在理论上应实行多因素竞拍，但实际操作的复杂性往往导致企业仅设定各项因素的基础门槛值，只有达到这些门槛值的供应商才能参与进一步的价格竞拍。企业意图通过此类拍卖了解各供应商的底线成本，并借此挑选出报价最有竞争力的供应商。在拍卖过程中，采购企业通常会采取特定的策略来实现目标，确保采购时能够以最合理的价格获得最符合需求的产品或服务。跨境电商企业在进行采购时，可采用以下四种方式：

1. 密封递价拍卖

密封递价拍卖，也被称为"招标式拍卖"，是一种采购手段。在这种采购方式中，采购方会公开商品的详细信息和拍卖条件。供应商在规定的时间内填写自己的报价并提交给采购方，采购方会对这些报价进行比较，最终确定合作的供应商。这种方式是非公开的，通常情况下，报价最高的供应商将赢得标的。

2. 英式拍卖

英式拍卖，又被称为"公开增价拍卖"，是一种在拍卖过程中供应商报价逐步增高的竞价方式。在此种拍卖中，竞买人以低价开始，此后出价都要比前一个高，直到没有更高的出价为止，出价最高即最后一个竞买人将以其所出的价格获得该商品。

3. 荷兰式拍卖

荷兰式拍卖是一种特殊的竞价方式，又被称为"减价拍卖"。在这种拍卖形式中，拍卖人先将价格设定在足以阻止所有竞拍者的水平，然后由高价往低价喊，第一个应价的竞拍者获胜，并支付当时所喊到的价格。

4. 维克里拍卖

维克里拍卖，又被称为"第二价格密封拍卖"，供应商通过密封投标的方式参与竞价。在这个过程中，出价最高的供应商将赢得交易权，但成交价格将是第二高的投标价。这种拍卖形式鼓励供应商提交自己愿意接受的最低价格。

采购企业采用不同拍卖方式的目的是尽可能降低采购成本并成功签订合同。在这个过程中，企业要防止供应商提交不真实的报价，避免潜在的恶意竞价行为。

（三）跨境电商企业与供应商的数字化谈判策略

随着信息技术的快速发展，谈判双方可以利用数字化工具来进行谈判，从而更有效地促成合作。

数字化谈判平台提供了透明的沟通环境，跨境电商企业可以利用这一平台收集和分析供应商的信用评分、生产能力、物流效率等关键信息，这种信息的透明化有助于避免谈判过程中的信息不对称，允许双方基于更加坚实的数据基础进行决策。而数据分析能力强化了跨境电商企业的市场洞察力，通过分析全球市场动态、消费者行为、季节性需求等，跨境电商企业能够更精准地预测市场趋势，这直接影响与供应商谈判时的订单量、价格及库存管理策略。

在供应链管理方面，数字化工具使得供应商能够与跨境电商企业进行更紧密的结合。通过共享库存数据、生产进度和物流信息，双方可以更有效地协调操作，减少供应链中的浪费，提高响应速度。从定价策略来看，动态定价已成为跨境电商企业的一大特色，供应商需适应跨境电商企业根据市场需求实时调整价格的能力，以此为基础进行谈判，确保双方在价格波动时仍能保持合作的稳定性。此外，跨境电商企业在营销时越来越多地依赖于数据分析和个性化营销，供应商在谈判中可能需要考虑如何配合跨境电商企业进行联合营销活动，以增加产品的市场吸引力。

在谈判中，跨境电商企业与供应商之间的谈判策略逐渐倾向于形成长期且稳定的合作伙伴关系，这是以深入的数据分析为核心，通过共享精准的市场洞察和联合制定的销售策略而共同发展的结果。这种长期协作模式依赖于强大的数据处理能力和高效的供应链管理技术，这些技术能够实时更新数据和进行市场预测，帮助双方及时调整业务策略，以应对快速变化的市场需求。稳固的合作关系还有助于减少潜在的供应链风险,通过不断的信息共享和协同工作,双方能够更有效地协调资源,优化库存管理,提升生产效率,降低成本,最终实现双赢的局面。

随着区块链等技术的发展,智能合同已经成为数字化谈判中的一大创新。这些合同的条款被编入区块链中,其执行不依赖于任何一方的意愿,而是基于预设的条件和规则自动进行。这种方式大大提高了合同执行的透明度,同时提高了合作的可信度,降低了违约风险。智能合同的自动化执行减少了传统合同监督和执行的工作量,提升了整体的运营效率。在跨境电商领域,智能合同为国际交易带来了前所未有的安全感和效率,使得供应链管理更为顺畅,合作伙伴间的信任更加牢固。

三、跨境电商供应链的合同设计

采购合同既确定了采购企业和供应商各自的权利与责任,又对供应商的行为模式施加了影响。设计这类合同的关键目的在于提升整个供应链的利益及限制那些可能削弱盈余的供应商行为。在设计合同时,相关人员要注意以下三点:

第一,在数字经济的背景下,跨境电商供应链的合同设计得益于大数据和区块链技术的革新。大数据分析技术的运用为企业提供了实时的市场趋势、预测了消费者需求,这样企业可以及时调整供应链合同中的条款,如价格、交货期限和库存水平,确保快速适应市场的变化,从而提高客户满意度。而区块链技术的引入彻底改变了合同执行的模式,"去中心化"的特性保证了每一项交易或合同更改的透明度和不可篡改性,所有参与方均可实时查看合同状态和交易记录,有效防止了因信息不对称导致的误导和操纵。这种对合同条款的清晰界定及对合同执行的严格监管,为签订合同的每一方都带来了前所未有的信任和效率,进而推动了整个供应链的合作和发展。

第二,在数字化时代,合同设计要确保信息的即时更新与无缝共享,这对于跨境电商尤为关键。云计算技术为企业提供了强大的数据存储与处理能力,而物联网技术为商品流通的每个环节赋予了智能监控的可能,使得供应链管理变得更加灵活和精准。通过这些技术,企业可以实时监控货物状态、精确调节库存水平,并且可以及时根据消费者需求和市场动态调整生产与配送计划。合同条款因此具有动态调整机制，根据实时数据进行优化，保证合同条款始终反映最新的商业实践与市场要求。

第三，构建在区块链技术之上的智能合同，为激励机制带来了颠覆性的创新。这种合同利用代码来预设条件，确保在特定业绩目标或预定条件得到满足时，激励或者惩罚措施能够即时、自动生效。这一过程的自动化减少了人工干预，提高了合同执行的效率，而区块链的不可篡改性保证了执行过程的透明度，降低了违约风险。特别是在涉及多国法律和监管差异的跨境电商活动中，智能合同提供了强有力的执行保障，确保了远距离商业交易中双方的合作可以在公正且有效的环境中进行。

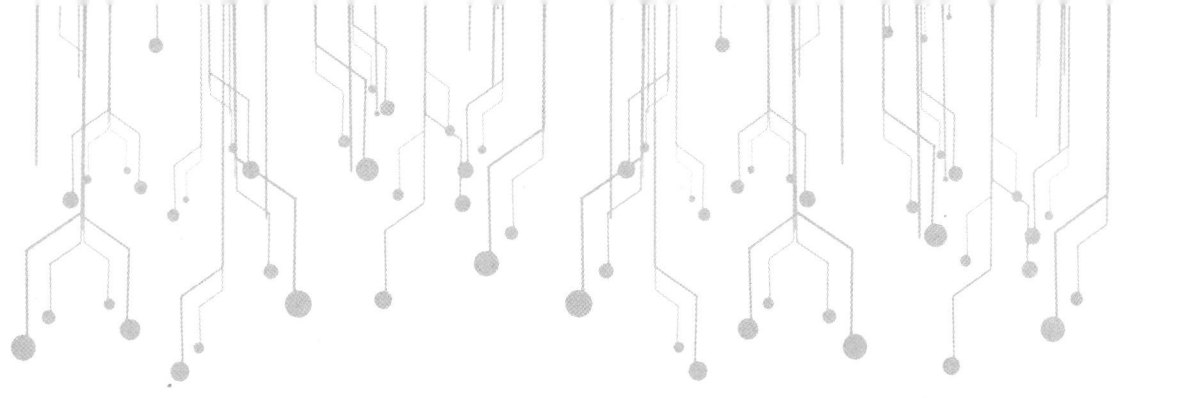

第七章　跨境电商供应链库存管理数字化分析

第一节　跨境电商供应链库存概述

一、库存的分类

企业为了满足不同的经营需求而设立不同类型的库存：周转库存、安全库存、季节性库存和加工或运输过程中的库存。周转库存主要用于满足客户日常需求，其要协调生产与消费之间的时序差异，确保供销双方的业务流程无缝对接。此类库存的补足通常基于特定的数量限制或周期性的时间安排。安全库存的设置是出于预防突发事件的考虑，如意外的大宗订单或供应商的延迟交货，以此种库存为缓冲，避免潜在的风险。季节性库存则应对季节变化带来的需求波动，特别是在特定季节需求激增的情况下。至于加工或运输过程中的库存，前者指的是商品在加工阶段或等待加工时的库存，后者则是指为了运输目的而暂时储存的商品。合理使用这些库存，对于提高企业在供应链中的效率和增强成本控制起到关键作用。

二、周转库存

(一) 周转库存的概念

周转库存,又被称为"常规库存",是企业在一般营运状态下,为了应对日常需求而设立的库存。这种库存的存在源于生产或采购量超出顾客即时需求的情形,表现为一定时间内的平均存货水平,主要目的在于补充在生产与销售环节中消耗的物资,确保在特定需求下物资的供应,以保持生产和销售活动的流畅性。这类库存通常依据既定的量或时间间隔进行周期性的补充。例如,若亚马逊日均售出 10 台指定品牌的洗衣机,而每次向制造商的订购量为 100 台,那么亚马逊需要 10 天时间销售这些洗衣机,以便在下一批货物到达之前维持库存。此种库存的持有,一方面是由于采购量大于日销量,另一方面是为了确保业务的连续进行。

(二) 平均周转时间

在计算平均周转时间时,要引入两个参数:Q 和 D。Q 代表订货批量,D 代表单位时间内的需求量。以亚马逊为例,假设某一图书的需求量较为稳定,日需求量为 100 本,即 D 等于 100 本,而亚马逊采购该书的批量 Q 等于 1 000 本。在这种情况下,亚马逊需 10 天销售完这批图书,其间库存从 1 000 本逐渐减少至零。当下一批图书到达后,周期性的 10 天周转便得以继续。这样的库存管理策略确保了库存水平与市场需求保持同步,同时保持了销售的持续性和物资补给的时效性。这样,企业能够更有效地管理资金流,减少库存积压,提高资产周转率。当需求稳定时,周转库存与订货批量的关系为:

$$\text{周转库存} = \frac{\text{订货批量}}{2} = \frac{Q}{2} \quad (7\text{-}1)$$

当亚马逊订购图书的批量是 1 000 本时,其周转库存便定为该批量的一半,即 500 本。由此可见,周转库存与订货批量成正比。若订货批量减至 500 本,相应地,周转库存也会降至 250 本。由于

$$\text{平均流动时间} = \frac{\text{平均库存}}{\text{平均流转速度}} \quad (7\text{-}2)$$

而对于供应链来说，其平均流转速度等于需求，因此有

$$\text{周转库存的平均周转时间} = \frac{\text{周转库存}}{\text{需求}} = \frac{Q}{2D} \quad (7\text{-}3)$$

当订货批量为 1 000 本，日需求量为 100 本时，可得

$$\text{周转库存的平均周转时间} = \frac{Q}{2D} = \frac{1000}{200} = 5（\text{天}） \quad (7\text{-}4)$$

亚马逊持有的周转库存导致图书在供应链上的平均流通时间增加至 5 天，随着周转库存的增多，产品从生产至最终销售的时间延迟也会增加。一般而言，降低库存水平是有效的库存策略，因为过长的产品流通周期可能会降低企业对市场需求变化的敏感度。此外，较低的库存水平有助于减少企业对流动资金的需求。

（三）周转库存的作用

1.协调供需在时间和方式上的不一致

通常情况下，产品的供给与需求在时间上会有不同步的现象，供需双方对产品提供的方式也可能存在差异，而库存能够对这两方面进行必要的调节。商品在到达最终消费者之前，需要经历一系列流程，如制订生产计划、采购原料、生产制造和销售等，这些环节即使在最优化操作中也会占据一定时间。企业通过保持适量的库存，能够缩短产品到客户手中的时间，并让供应与需求方式相协调，确保能够及时响应市场需求。

2.调整产品价格和降低成本

产品离开生产线后，若未经过有效的库存管理，其市场价格可能因供需波动而出现不稳定的现象，这会对供应链中的产品成本产生不利影响。为预防此类状况，产品需妥善存放于仓库，以便在需要时调整价格，稳定市场。大规模的采购往往伴随着折扣，有利于降低单个产品的成本，并增加企业的总体利润。

3.确保供应链各环节操作的独立性

存货的存在让相互依赖的业务环节能够自主运行，同时隔离了连续的供应、生产、销售环节，允许每一环节以更加经济和有效的方式单独操作。

4.为不确定性因素提供一定的缓冲

供应链是一个面临众多不确定性的复杂系统,其不确定性体现在出现需求预测误差、生产波动、设备故障、自然灾害以及运输延迟等情况。适当的库存能够为不可预见或计划外的事件提供一定的缓冲,减少这些不确定性因素带来的负面影响。

5.提供客户服务

持有适当的库存使得供应链在顾客需要时能够提供及时且高效的货物提供服务,从而加强了对客户需求的响应能力,并提升了客户满意度。库存的合理管理不仅是企业运营中的关键一环,还是构建高效供应链和保持市场竞争力的重要因素。

(四)周转库存的成本估算

企业在设定周转库存时,经常遇到的一个阻碍是库存持有成本和订货成本的估算。企业在此方面的目标是识别那些随着订货决策变化的成本,忽略那些在订货批量发生变化时保持不变的成本。

1.库存持有成本

库存持有成本以占产品成本的百分比来表示,包括下面几个部分:

(1)资金成本。在计算资金成本时,通常会估计加权平均资本成本(WACC),该方法综合考虑了企业权益资本和债务的数量,通过企业所持有的权益资本和债务的数量进行加权。加权平均资本成本的计算公式为:

$$WACC = \frac{E}{D+E}(R_f + \beta \times MRP) + \frac{D}{D+E}R_b(1-t) \quad (7-5)$$

其中,E 为权益资本的数量;D 为债务的数量;R_f 为无风险回报率(通常为4%~6%);β 为企业的贝塔值;MRP 为市场风险溢价(通常为8%或9%);R_b 为企业可以借到款的利率(与其债务评级有关);t 为企业税率。

(2)陈旧成本。其反映了库存物品因时间流逝在市场价值上可能出现的下滑。该成本因产品类别而异,易腐物品的陈旧成本比较高;而非易腐但生命周期较短的产品,其陈旧成本也可能居高不下。

(3)搬运成本。其涵盖了因收货数量增加而产生的额外收货和储存费用。与订货次数相关而与数量无关的固定搬运费用,应计入订货成本之中。在特定数量范围内，与数量挂钩的搬运成本往往保持不变；只有当数量的增减超出这一范围，导致需额外雇佣工人时，其增加的搬运费用才计入库存持有成本中。

（4）占用成本。其体现了由于周转库存的波动所导致的仓储空间成本的变动。若企业按实际占用的货物量支付仓储费，占用成本则可直接计算出来。大多数企业会租赁或购买固定的仓库空间，这时占用成本通常以阶梯形式出现，即当现有存储空间达到饱和且需扩展新空间时，成本会急剧增加。

（5）杂项费用。这是库存持有成本中的最后一项，包含了与库存相关的小额开支，如安全保障、货物损毁、税务和额外保险费用等。这部分费用虽较小，但对总成本的影响不容忽视，需作为成本管理的一部分加以考虑。

2. 订货成本

订货成本指取得订单的成本，如办公费、差旅费、邮资、运输费等支出。订货成本中有一部分与订货次数无关，如常设采购机构的基本开支等，称为"固定的订货成本"；另一部分与订货次数有关，如差旅费、邮资等，称为"订货的变动成本"。

（1）运输成本。订单大小不会影响某些固定的运输成本。例如，使用一辆卡车运输货物时，不管卡车是满载还是半载，成本都保持不变。运输成本包括固定成本和变动成本。固定成本应计入订货成本。

（2）收货成本。它涵盖了从采购订单处理到库存记录更新的各种成本。在收货环节中，那些随订单数量增加而变化的费用不应该计入订货成本。

（3）其他成本。某些特殊的成本可能会随每次订货出现，如果这些成本与订单数量无关，就属于订货成本。

在计算订货成本时，应将所有与此相关的成本汇总起来。通常，订货成本表现为阶梯函数形式：在资源未被充分利用时，成本接近零；在资源使用饱和时，成本急剧上升。

三、安全库存

（一）安全库存的概念

安全库存指的是企业在特定时间段内持有的额外库存，以应对顾客需求超出预期的情况。持有安全库存的原因在于顾客需求具有不确定性，当实际需求超过预期时,可能会造成缺货。在如今的商业环境中,顾客在不同的电子商务平台上寻找所需产品的便利性不断提升。例如,若亚马逊某种图书缺货,消费者很容易转到其他在线书店如巴诺进行购买。因此,为了提高产品的可获得性,跨境电商企业被迫增加安全库存。然而,当实际需求未达到预期水平时,会导致大量库存积压,进而产生不必要的库存持有成本。

(二)安全库存的作用

在电子商务时代,产品变得越来越多样化,这就需要增加相应的安全库存,以应对更广泛的需求。经济全球化加剧了大宗商品价格和汇率的波动,增加了供应链的不确定性。要想应对这种不确定性,就要合理设置安全库存。这种库存策略旨在平衡需求预测的不确定性与库存积压的风险之间的关系,确保跨境电商企业能够在波动的市场环境中保持供应链的稳定性和效率。

(三)安全库存的影响因素

安全库存的确定受到需求不确定性、产品可获得性水平和补货策略等因素的影响。当需求不确定性升高时,为了应对可能的波动,应增加安全库存。以一家销售智能手机的跨境电商平台为例,当市场上刚推出新的智能手机时,其需求不确定性较高,这时平台需持有一定的安全库存,以备不时之需。随着市场对这款智能手机反应明朗,需求变得更加稳定和可预测,该平台就可以减少其安全库存,以减少库存持有成本。对于产品可获得性水平的期望值提升,也会导致安全库存的需求量上升。若跨境电商平台设立了较高的新款智能手机可获得性目标,为了满足这一目标,它必须持有足够多的库存。

1. 需求不确定性

需求通常由固定的系统性部分和不定的随机性部分构成,其量化目的在于准确预测系统性变量和评估随机性变量。通常,随机性需求部分通过预测误差的标准差来进行量化。尽管需求的标准差可能不完全等同于预测误差,但在本部分中,它们被视作可相互转换的度量。

提前期是指从下单到收货的时间段,用 L 来表示。对于销售智能手机的跨境电商平台来说,L 具体指从下订单至收到智能手机的时间跨度。考虑到提前期的需求具有不确定性,跨境电商平台是否能够用现有库存满足全部需求,取决于提前期内的需求波动大小以及下补货订单时的库存多少。因此，除了评估每个周期的需求不确定性，跨境电商平台还必须估算提前期内的需求波动情况，即在已知单周期需求分布的情况下，计算 L 时期内的累积需求分布。通过这种评估，跨境电商平台可以更加科学地设定库存，以保障供应链的流畅运转和客户需求的及时满足。

假设时期 i（$i=1,2,\cdots,L$）的需求服从正态分布，均值为 D_i，标准差为 σ_i，令 ρ_{ij} 为时期 i 和时期 j 之间的相关系数。在本例中，L 时期内的总需求服从正态分布，均值为 D_L，标准差为 σ_L，其中

$$D_L = \sum_{i=1}^{L} D_i; \quad \sigma_L = \sqrt{\sum_{i=1}^{L} \sigma_i^2 + 2\sum_{i>j} \rho_{ij}\sigma_i\sigma_j} \tag{7-6}$$

如果 $\rho_{ij}=1$，则两个时期的需求呈正相关；如果 $\rho_{ij}=-1$，则两个时期的需求呈负相关；如果 $\rho_{ij}=0$，则两个时期的需求不相关。

2. 产品可获得性水平

产品可获得性水平映射出企业凭借现有库存应对顾客需求的效能。企业若在顾客下单时无法提供产品，则其产品可获得性水平低。以下是影响产品可获得性水平的一些因素。

第一，产品满足率。产品满足率（fr）指的是以库存满足的需求量占总需求量的比例。这一比例表现出用库存产品应对需求的可能性。因此，用需求量来度量产品满足率，比使用时间更为适宜。例如，若某跨境电商平台能够利用其库存响应 90% 顾客对智能手机的需求，而余下的 10% 可能因库存短缺而转向其他竞争者，则此跨境电商平台的产品满足率为 90%。

第二，订单满足率。订单满足率衡量的是现有库存能够满足订单的比例，并且这一度量标准依据的是特定的需求量而非时间。对于销售多种产品的商家而言，订单中所有项目都通过库存得到满足，订单才算完全满足。以销售智能手机的跨境电商平台为例，如果顾客同时订购了智能手机和笔记本电脑，只有在两者都有现货的情况下，该订单才算完全满足。由于订单完全满足的前提条件是其内的所有产品都可供应，因而订单满足率低于产品满足率。

第三，周期服务水平。周期服务水平（CSL）指的是在某个补货周期内没有缺货事件发生的概率，这个指标是在若干个补货周期中进行评估的。例如，若某跨境电商平台的补货批量为 1 000 部智能手机，且在十个补货周期中有八

个周期没有发生缺货情况，则其周期服务水平为80%。虽然此时的周期服务水平是80%，但实际的满足率会更高，因为在那80%没有缺货的补货周期内，所有顾客的需求都能得到满足；而在剩下20%可能发生缺货情况的补货周期中，大多数顾客的需求依旧可以通过库存来满足。只有在补货周期快结束时以及库存即将耗尽时，少数顾客的需求可能无法得到满足。

在销售单一产品的简单场景下，产品满足率与订单满足率可能没有显著差异。而在处理含有多种产品的复杂订单时，这两个指标可能会有很大不同。例如，大部分订单若含有一种以上的产品，任何一种产品的缺货都可能导致整个订单无法得到满足。在顾客期望订单中所有产品都能一次性到达的情况下，关注订单满足率就显得尤为关键。

3. 补货策略

补货策略的制定是库存管理的关键组成部分，它直接关系到周转库存量、安全库存水平、产品满足率和周期服务水平。常用的补货策略如下：

（1）连续盘点。在该策略下，库存会被监控，一旦库存下降至再订货点（ROP），就会生成补货订单。例如，在一家销售智能手机的跨境电商企业中，当库存降至再订货点500台时，采购经理就会下单购买500台。该策略的特点是每次补货的订单数量保持恒定，而补货的频率因为需求的不稳定性而变动。

（2）周期盘点。与连续盘点不同，周期盘点按照设定的时间间隔对库存进行检查，当库存量低于某一阈值时，会下单补货。还是以销售智能手机的跨境电商企业为例，如果该跨境电商企业采用周期盘点，采购经理不会不断地监控智能手机的库存，而是在每周固定时间（如每周一）对库存进行盘点，并根据盘点结果下单，以确保现有库存加上新订货量能够达到1 000台。周期盘点的特点在于，补货的时间间隔是固定的，但每次的补货量随着需求的变化而调整。

第二节　跨境电商周转库存管理数字化

一、单一产品的周转库存

在跨境电商的运营中，销售现有库存商品后，采购经理会下达一份固定数量 Q 的补货订单。这一补货数量，也被称为"经济订货批量"，与多个成本因素相关联。从生产商处订购多少商品，是采购经理面临的一个关键决策问题。

在作出这一决策时，采购经理需要考虑的因素包括年需求量 D，每次订货的固定成本 S，单位商品成本 C 以及库存持有成本的年率 h。在这里，库存持有成本 H 可以表述为 $H = hC$，即库存持有成本为单位商品成本 C 与年率 h 的乘积。

在构建决策模型时，可采用以下基本假设：需求率在单位时间内为恒定的；需求必须完全通过库存满足，不允许出现缺货现象；补货的提前期固定，此处可假定为 0。其最终目标是跨境电商的总成本最小化，跨境电商的总成本包括年原材料成本、年订货成本以及年库存持有成本。确定订货批量的过程，实际上是找到这三种成本总和的最小值，这要求采购经理在不同成本要素间找到最佳平衡点，以确定理想的经济订货批量。由于采购价格与订货批量无关，因此年原材料成本 $=CD$。订货的次数必须满足年需求量 D，给定订货批量 Q，有：

$$年订货次数 = \frac{D}{Q} \tag{7-7}$$

由于每次订货时都会发生订货成本 S，因此有：

$$年订货成本 = \left(\frac{D}{Q}\right)S \tag{7-8}$$

给定订货批量 Q，可得平均库存为 $Q/2$。因此，年库存持有成本为持有 $Q/2$ 单位库存一年的成本，即年库存持有成本 $=\left(\frac{Q}{2}\right)H = \left(\frac{Q}{2}\right)hC$。年总成本 TC

是上述三种成本的总和,即年总成本 $TC=CD+\left(\dfrac{D}{Q}\right)S+\left(\dfrac{Q}{2}\right)hC$。在跨境电商的成本管理中,年原材料成本与订货批量无关,故在成本与批量的图表上表现为一条恒定不变的直线,它是总成本曲线随批量增加而上升的基础部分。与此同时,库存持有成本是随着订货批量的增大而呈线性上升的,因为储存更多商品需要更多的资金。而订货成本会随着批量的增大而减少,这是因为较大的批量意味着较少的订货次数,进而降低了固定的订货费用。

跨境电商采购经理的任务是确定一个最优的订货批量,该批量能够将公司的总成本降至最低。通过计算订货批量 Q 对总成本的一阶导数,并将其设置为零,可以得出最优订货批量,也就是所谓的经济订货批量(economic order quantity,EOQ)。EOQ 通过特定公式计算得出,标记为 Q^*,公式为:

$$经济订货批量 Q^* = \sqrt{\dfrac{2DS}{hC}} \qquad (7\text{-}9)$$

对于上述公式,年库存持有成本比率 h 和需求 D 的时间单位应确保一致。对于经济订货批量 Q^*,系统中的周转库存为 $Q^*/2$。单位产品在系统内的流动时间为 $Q^*/(2D)$。随着最优订货批量的增长,周转库存和流动时间也会增加,最优订货频率 n^* 为:

$$n^* = \dfrac{D}{Q^*} = \sqrt{\dfrac{DhC}{2S}} \qquad (7\text{-}10)$$

下面以例 7-1 说明采购经理制定订货批量决策的过程。

例 7-1:假设某销售电脑的电商每个月的需求量为 1 000 台,每次订货的固定订购、运输和收货成本为 4 000 美元,电商每台电脑的进货价格为 500 美元,库存持有成本的年率为 20%,电商每次补货时应当订购多少台电脑?

在本例中,已知年需求量 $D=1\,000\times12=12\,000$(台),每批订货成本 $S=4\,000$ 美元,每台电脑的单位成本 $C=500$ 美元,库存持有成本的年率 $h=0.2$。利用经济订货批量公式,可推导出最优订货批量(取整数):

$$最优订货批量 Q^* = \sqrt{\dfrac{2\times12\,000\times4\,000}{0.2\times500}} \approx 980(台)$$

为了最小化电商的总成本,采购经理每次补货的最优订货批量为 980 台。

下面通过例 7-2 来说明期望的订货批量与订货成本之间的关系。

例 7-2:销售电脑的电商希望将最优订货批量由 980 台降低到 200 台。要想使该订货批量成为最优,则每批订货成本应当降低到多少?

在本例中,已知期望的订货批量 Q^*=200 台,年需求量 D=1 000×12=12 000(台),每台电脑的成本 C=500 美元,库存持有成本的年率 h=0.2。由经济订货批量公式可得期望的订货成本(保留 1 位小数)为:

$$S = \frac{hC(Q^*)^2}{2D} = \frac{0.2 \times 500 \times 200^2}{2 \times 12\,000} \approx 166.7 \text{(美元)}$$

因此,要想使 200 台成为最优订货批量,电商必须将每批订货成本由 4 000 美元降低到 166.7 美元,即要想将最优订货批量减少到原来的 $1/k$,订货成本 S 就要减少到原来的 $1/k^2$。

二、在单个订单中订购多种产品

减少每次订货的固定成本,特别是运输费用,是缩减订货批量的主要策略之一。常见的实践是,企业内部将产品划分为不同的组别,由各自的产品经理负责管理,这种分散管理导致独立的订购和运输操作,增加了整体库存成本。一种有效的成本降低手段是,通过统一不同产品组的订购和运输操作,来减少库存成本。下面举例说明如何通过整合运输流程来实现这一点。

例 7-3:假设电商采购四种型号的电脑,每个月对每种型号电脑的需求为 1 000 台。现在考虑这样一种情况,如果电商意识到这四种型号的电脑都是由同一供应商供货,就可以协调采购行为,确保这四种型号的电脑用一辆卡车运来。此时,利用式(7-9),令 S=4 000(美元),D=4×12 000=48 000(台),hC=500×0.2=100(美元),可以得出四种型号电脑的最优联合订货批量(取整数)为 1 960 台,这相当于每种型号电脑的最优订货批量为 490 台。由于订单聚集和来自同一供应商的多种产品分担固定运输成本,使得电商可以通过减少每种产品的订货批量来减少成本,这一举措极大地降低了电商的周转库存和成本。

实现这一结果的一种方法是集中多个供应商的货物并一同运输,这样做可以分摊固定运输成本,或者使用同一辆卡车向多个库存点分发商品,这样可以让多家电商分摊固定运输费用。例如,某些将产品从亚洲运往美国的公司,不断尝试聚合来自不同供应商的运输货物,这些公司通常在亚洲设置集散中心,聚合来自亚洲各国供应商的货物,实现规模经济效应的同时,还能从各个供应商那里进行频繁的小批量采购，这样可以降低各单独产品的订货批量。

在考虑固定成本时，必须考虑到接收货物和装卸的成本。在降低订货批量的过程中，减少固定成本成为关键所在。预先发货通知（advance shipping notice, ASN）是指供应商通过电子方式提供的包含卡车装载物品详细记录的文件，这种通知的电子化、数字化使得卡车装载物品的信息更新及仓储空间分配变得更加高效，这有助于削减接收货物时的固定成本。此外，射频识别（RFID）技术的应用有助于降低与接收货物相关的固定成本，降低这些收货固定成本对于实现降低订货批量的策略至关重要，它能够有效减少库存周转量。

三、平均批量折扣下的周转库存

在B2B贸易场景下，价格体系通常反映出规模经济的特征，订货批量的增加往往能带来单位价格的降低。批量折扣是基于单次订购数量提供的价格减免，总量折扣则是根据一定时间内累计采购总量提供的折扣，不受具体订货次数的限制。

平均批量折扣又被称为"单位数量折扣"，在平均批量折扣下，定价方案包括特定的拐点 q_0, q_1, …, q_r，其中 $q_0=0$。如果一次订货的数量大于等于 q_i 但是小于 q_{i+1}，则每单位产品的成本为 C_i。通常情况下，订货量越大，单件商品的成本越低，即 $C_0 \geq C_1 \geq \cdots \geq C_r$。跨境电商要想使利润最大化，就要让原材料成本、订货成本及库存持有成本总和最小化。在策略上，应计算出每个产品的最优订货批量，并据此确定能最小化整体成本的订货批量。

第一步：计算每个价格 C_i（$0 \leq i \leq r$）下的最优订货批量：$Q_i = \sqrt{\dfrac{2DS}{hC_i}}$。

第二步：针对每个价格 C_i，找出订货批量 Q_i^*。Q_i 有下列三种可能的取值范围：① $q_i \leq Q_i \leq q_{i+1}$；② $Q_i < q_i$；③ $Q_i > q_{i+1}$。Q_i 的第三种取值范围可以忽略，因为它在 Q_{i+1} 中已经考虑到了，故只需要考虑前两种取值范围。如果 $q_i \leq Q_i \leq q_{i+1}$，则令 $Q_i^* = Q_i$；如果 $Q_i < q_i$，则订货批量 Q_i 不能获得折扣，令 $Q_i^* = q_i$，以获得每单位的折扣价 C_i。

第三步：根据每一个 i 值，计算订购 Q_i^* 单位的年总成本：$TC = \left(\dfrac{D}{Q_i^*}\right)S + \dfrac{Q_i^*}{2}hC_i + DC_i$，其中包括订货成本、库存持有成本和原材料成本。

第四步：选择总成本 TC_i 最低的订货批量 Q_i^*。

四、考虑商业促销情形下的周转库存

在数字经济的背景下，跨境电商在制造商实施商业促销期间，面临如何调整周转库存的策略问题。数字化工具的应用可以让跨境电商更准确地预测需求和优化库存水平。跨境电商需在利用折扣节约的成本与因增加库存而产生的潜在成本之间作出权衡，决定采购量时，跨境电商可通过算法预测市场反应，这样可以避免库存积压。跨境电商还需要考虑仓储能力、资金流动性和供应链效率等因素，确保在价格优势和运营效率间找到平衡点，以此作为构建商业促销期间周转库存策略的基础。

以一家销售化妆品的跨境电商为例，假设其销售的面膜年需求量为 D 片，单片进货价格为 C 美元，库存持有成本的年率为 h。根据经济订货批量（EOQ）公式，该跨境电商在没有折扣时的订货批量 $Q^* = \sqrt{\dfrac{2DS}{hC}}$。

假设在某段时间内，面膜制造商宣布将为该产品提供 d 美元的折扣，跨境电商便需决定在此折扣力度下的订货批量 Q_d 应为何值，此决策应考虑到包括原材料成本、库存持有成本和订货成本在内的各项成本。

一方面，如果跨境电商增加折扣期间的订货批量 Q_d，就可以减少单片面膜的成本，因为数量的增加可以获得更大的价格优惠，但这会导致库存持有成本上升。另一方面，增加订货批量 Q_d 意味着订货频率降低，从而能降低与下单次数成正比的订货成本。

因此，跨境电商面临的挑战在于平衡这些成本，以确定在折扣期间额外采购商品的数量。在现代电商运营中，应积极使用大数据分析和预测模型，这些工具能够帮助电商在供应商的折扣激励下，进行精确的分析，确保自己既能充分利用折扣减少采购成本，又不会因库存增多而导致持有成本上升。更进一步，电商可以依托技术手段调整其价格策略，决定如何将部分折扣优惠转嫁给消费者，以促进销量增加，同时考虑到仓储容量和物流效率，防止库存积压，实现成本的最小化，确保客户需求得到满足，进而优化整个供应链的性能。

精确分析该折扣情境相当困难，所提供的解析基于几个关键假设：第一，这种折扣是一次性的，未来不会重复提供；第二，跨境电商不通过将部分折扣优惠转嫁给顾客来影响需求，意味着顾客需求量相对稳定；第三，所考虑期间的需求量是订货量的整数倍。这些前提为分析提供了明确的边界条件。

根据上述假设，折扣价格下的最优订货批量为 $Q_d = \dfrac{dD}{(C-d)h} + \dfrac{CQ^*}{C-d}$。在实践中，跨境电商通常知道下一次促销的时间，如果在下一次商业促销之前的需求量为 Q_1，则跨境电商的最优订货批量为 $\mathrm{Min}\{Q_d, Q_1\}$。由此可以看出，促销情况下的订货批量 Q_d 要高于正常的订货批量 Q^*。基于此，提前购买量是 $Q_d - Q^*$。

商业促销通常会导致跨境电商在促销期间大量采购，以利用折扣降低采购成本，但促销之后会出现订货减少期，因为跨境电商需要时间来清理之前积累的库存。应用数字化库存管理工具可以帮助跨境电商预测需求，优化库存水平。此外，跨境电商还可以采用大数据分析技术，使其在折扣期间购买的商品数量既能满足未来的销售需求，又不会导致过度的库存积压，以此来实现成本效益最大化。

第三节 跨境电商安全库存管理数字化

一、安全库存和服务水平

（一）在给定补货策略下计算周期服务水平和产品满足率

下面介绍在给定补货策略下利用数字化工具计算周期服务水平（CSL）和产品满足率（fr）的步骤。先考虑补货策略为连续盘点时的情况，连续盘点策略包括当现有库存降低到再订货点（ROP）时的订货批量 Q。假设周需求量服从均值为 D，标准差为 σ_D 的正态分布，并且补货提前期为 L 周。

1. 给定再订货点情况下的安全库存决策

以一家专注于智能手机销售的跨境电商为例，其安全库存量反映了补货过程中智能手机到货时的预期库存水平。在补货提前期为 L 周和周需求量平均值为 D 的条件下，补货期间的总预期需求量为 DL 的乘积。此跨境电商采用连续盘点策略，意味着一旦现有库存量降至再订货点 ROP，就需要补货。因此，安全库存量 ss 可以表示为：

$$ss = ROP - DL \tag{7-11}$$

这样，当新的补货批次到达时，跨境电商所维持的安全库存正是在提前期 L 周内通过销售消耗的库存数。下面将示范如何在连续盘点策略框架下进行安全库存的具体计算。

例 7-4：假设某销售智能手机的跨境电商的周需求量服从正态分布，均值为 3 000，标准差为 500，制造商要花两周时间才能满足该跨境电商的订单需求。当库存里的智能手机数量降到 8 000 部时，采购经理会向制造商订购 10 000 部智能手机。计算该跨境电商的安全库存和平均库存，并计算每部手机在库存的平均存放时间。

在现有补货策略下，平均周需求量 D=3 000，周需求量的标准差 σ_D=500，平均的补货提前期 L=2，再订货点 ROP=8 000，平均订货批量 Q=10 000。利用安全库存公式可得，安全库存 ss= ROP−DL=8 000−3 000×2=2 000（部），即该跨境电商持有的安全库存为 2 000 部，而周转库存 =Q/2=10 000/2=5 000（部）。平均库存 = 周转库存 + 安全库存 =5 000+2 000=7 000（部）。利用平均流动时间公式（答案保留 2 位小数），平均流动时间 = 平均库存 / 产销率 =7 000/3 000 ≈ 2.33（周），因此每部智能手机在库存平均存放的时间为 2.33 周。接下来讨论如何计算连续盘点策略下的周期服务水平。

2. 给定再订货点情况下的周期服务水平

依然以销售智能手机的跨境电商为例，假设补货提前期为 L 周，周需求量服从均值为 D，标准差为 σ_D 的正态分布，则有 CSL=Prob（补货提前期 L 周内的需求 ≤ ROP）。

为了计算这一概率，需要求出补货提前期内的需求分布。补货提前期内的需求服从均值为 D_L，标准差为 σ_L 的正态分布。利用正态分布和 Excel 函数，可以得出周期服务水平为：

$$CSL = F(ROP, D_L, \sigma_L) = \text{NORMDIST}(ROP, D_L, \sigma_L, 1) \tag{7-12}$$

下面展示连续盘点补货策略下的周期服务水平的具体计算。

例7-5：销售智能手机的跨境电商面临的周需求服从正态分布，均值为2 500，标准差为500，补货提前期为2周。假设每周的需求相互独立，当智能手机的库存降到6 000部时，采购经理会向制造商订购10 000部智能手机，计算该策略下跨境电商的周期服务水平。

在本例中，Q=10 000，ROP=6 000，L=2，D=2 500，σ_D=500。可以看出，在为期2周的补货提前期内，跨境电商可能面临缺货的风险。补货提前期内的需求服从均值为 D_L，标准差为 σ_L 的正态分布，其中：$D_L=D \times L=2\ 500 \times 2=5\ 000$；$\sigma_L= \sqrt{L} \times \sigma_D = \sqrt{2} \times 500 \approx 707$。由式（7-12）可知，$CSL=F(ROP, D_L, \sigma_L)$ =NORMDIST（ROP, D_L, σ_L, 1）=NORMDIST（6 000, 5 000, 707, 1）=0.92。CSL 为0.92，意味着在92%的补货周期内，跨境电商可以用库存来满足所有的市场需求。在余下的 8% 补货周期内，有可能因库存不足而导致一部分需求无法得到满足。接下来讨论连续盘点策略下产品满足率的计算。

3. 给定再订货点情况下的产品满足率

产品满足率反映了用现有库存满足顾客需求的程度，指出了能够转化为销售的需求在总需求中的比例，为企业提供了重要的经营指标。产品满足率与周期服务水平有所联系，周期服务水平的提升直接提高了产品满足率。

在补货周期内，需求若突破再订货点 ROP，则产生缺货现象。计算产品满足率时先要评估在每个补货周期内可能超越 ROP 的平均需求量。这一过程涉及估算每个补货周期内因现有库存不足而无法满足的市场需求平均数，即补货周期平均预期缺货量（ESC）。一旦确定了补货周期所对应的订货批量 Q，即周期内平均需求量，通过 ESC 与 Q 的比值，便可导出需求流失率，进而计算出产品满足率。产品满足率 fr 为：

$$fr = 1 - ESC/Q = (Q-ESC)/Q \tag{7-13}$$

（二）库存专门化

在数字经济时代，管理者借助先进的数据分析工具，可以高效地处理库存管理工作。例如，通过消费者行为数据库，管理者可以判断产品品种在各个区域的需求强度，以此避免在需求量低的地区存放过多库存。

管理者可利用数字化工具对库存情况进行定量分析，以决定是集中存放还是分散存放。通过分析不同产品的需求变异系数，可以发现集中存放对安全库存的影响。若产品需求预测准确性较高（即需求变异系数较低），聚集存放的效益有限；若产品需求预测准确性较低（即需求变异系数较高），集中存放可以显著提高预测精度，大幅降低安全库存要求。

管理者还可以通过高级算法动态调整库存水平，实现需求预测的优化，并降低整体的运输成本和响应时间。如此，企业能在保持高效运作的同时，减少冗余库存，提升客户满意度。

数字化库存管理系统使企业得以精确监控不同产品的销售动态，并据此调整库存位置。对于需求稳定的畅销品，可在接近消费者的多个分散地点存放，以加快运输速度和降低配送成本。而对于滞销品，可通过数字化的需求预测和库存管理，减少对物理空间的占用，提升整体库存的周转效率。

例如，像巴诺书店这样的连锁书店，可以采用先进的数据分析工具来区分畅销书与滞销书，还可借助实时数据监控畅销书的销售动态，以保证这些热门商品的充足供应，而其他需求量较低的书籍可通过电子商务平台进行集中销售。这种策略能够减少对实体空间的依赖，降低库存成本，并且可以通过电子书亭的方式为顾客提供更加丰富的产品选择。

二、供给不确定性与安全库存

在数字化供应链管理中，供给不确定性的影响涵盖了生产和运输的延迟以及商品质量问题等多个方面。安全库存策略的制定需要充分考虑这些不确定因素。例如，在电商平台上，任何原因造成的服务滞后都可能招致客户不满，进而损害电商的信誉和长期盈利能力。数字化的跟踪系统虽然能提高透明度，但对于提前期为 L 周的订单，如果因为恶劣天气或其他不可控因素导致延期，电商面临的库存耗尽和缺货风险依然存在。所以，在数字经济时代，电商必须运用高效的数据分析工具和灵活的供应链解决方案，应对这类不确定性，并确保供应链的韧性和响应速度。

假定提前期是不确定的，将供给不确定性涵盖进来，以发现提前期不确定性对安全库存的影响。以某销售电脑配件的电商为例，假设该电商每期的顾客需求和从零部件供应商那里补货的提前期服从正态分布。已知下列变量：D 为每期平均需求；σ_D 为每期需求的标准差；L 为平均的补货提前期；S_L 为提前期的标准差。

考虑该电商在零部件库存管理中采取连续盘点策略时需要持有的安全库存，如果提前期内零部件的需求超过 ROP，则该电商会面临零部件短缺的情况。因此，需要结合数字化工具确定提前期内顾客需求的分布情况。已知提前期和周期性需求都是不确定的，提前期内的需求服从均值为 D_L，标准差为 σ_L 的正态分布，则有：

$$D_L = D \times L; \quad \sigma_L = \sqrt{L\sigma_D^2 + D^2 S_L^2} \tag{7-14}$$

在现代的数字化供应链环境中，供应商和收货方的互动非常重要，它们共同影响着供给提前期的波动。供应商在某些情况下可能因为依赖过时的计划，导致生产安排无法顺利执行，这样就会增加提前期的不确定性。而供应链管理软件能够帮助供应商更准确地预测可实现的提前期，有效地减少了这种波动。

此外，收货方的行为也会对提前期稳定性产生影响。例如，分销商可能会采取每周同一天集中向所有供应商下单的做法，导致所有产品在同一时间到达，这种做法会加剧供应链的波动，并可能延长提前期。数字化工具，如电子采购系统和基于云的库存管理软件，则可以使分销商更加灵活地安排订单，避免一次性的订单高峰，通过将订单均匀分散至不同的工作日来优化货物接收流程。

通过数字化工具，供应链各方能够协同合作，确保整个供应链的流畅运转，最终达到降低运营成本、提高顾客满意度的共同目标。

第八章　跨境电商全球供应链管理分析

第一节　全球供应链管理概述

一、全球供应链

（一）全球供应链的内涵

全球供应链，亦称"全球网络供应链"，构筑了一种跨越国界的商业运作模式。在这种模式下，供应链成员分散全球，获取原料、组织生产、货物流动或销售以及信息收集等环节均在全球范围内进行。在这样的模式中，企业的形态发生转变，区域边界也日渐模糊。理想状态下的全球供应链流程仿佛超越了国界的限制。全球供应链按照国际分工合作的准则进行运作，借助国际网络实现资源在全球的合理分配与优化配置，推动全球经济持续发展。

（二）全球供应链的类型

全球供应链可分为三种类型：

第一，国际配送系统。该系统的生产活动主要在国内进行，销售及配送部分主要在海外进行。

第二，国际供应商。在此类系统中，虽然原材料和零部件的采购依赖海外供应商，但最终的产品组装在国内进行。在某些情况下，组装完毕的产品可能会被出口至外国市场。

第三，离岸加工。在这种供应链模式中，产品的生产阶段通常在海外完成，之后成品会被运回国内，进行销售和配送。

（三）全球供应链的发展趋势

随着企业经营规模的扩大和国际化程度的加深，出现了众多以全球经营和销售为目标的跨国企业，这些企业推动了产品品牌和核心部件向全球标准化发展的趋势。为了在全球竞争中获得优势并实现超额利润，这些企业必须在全球范围内有效分配和利用资源，通过全球化的采购、生产和营销，实现资源的最优利用。在这个过程中，需要特别关注两个方面。第一，全球市场的异质性和多样性要求企业采取"从外到内"的思维方式，这意味着企业要在充分了解不同国家市场需求的基础上，通过提供差异化的产品和服务来满足不同消费群体的需求。成本控制也应基于此，企业需要通过规模经济来降低成本，还要发挥范围经济的作用，既满足多样化的市场需求，又有效控制成本。第二，当企业服务全球市场时，供应链物流系统变得更加复杂，导致前置时间延长和库存水平升高。在全球供应链运作中，企业必须妥善处理集中化与分散化物流之间的关系，以确立全球化的竞争优势。

从目前全球供应链物流的实践来看，已经出现了三种发展趋势。其主要内容如下：

1. 生产企业的全球化布局

生产企业在全球范围内寻找原材料和零部件的供应源，并设立全球分销的物流中心及集散仓库。在获取原材料及分配新产品时，这些企业利用当地现有的供应链物流网络，并推广其先进的物流技术和方法。

2. 生产企业与第三方物流企业的全球化协同

随着生产企业全球化步伐的加快，它们逐渐将原有成熟的第三方物流网络扩展至全球市场，提供全球化的物流服务。

3. 国际运输企业间的战略联盟

为有效应对全球化挑战，国际运输企业之间开始形成战略联盟。这些联盟以资源和经营的互补为纽带，着眼于长期利益。这种联盟不仅使全球供应链物流更加便捷，还极大地提高了全球物流设施的利用效率，并有效降低了运输成本。

二、全球供应链管理

（一）全球供应链管理的内涵

全球供应链管理是将供应链管理的基本理念、模式、工具和手段应用于全球网络供应链的控制和管理。从本质上看，它是供应链管理的扩展与延伸。该管理与传统的供应链管理相似，但面临的管理对象更为复杂，管理范围更为广泛，且管理模式更加多元化。

全球供应链作为经济全球化的产物，其管理是企业乃至社会实施全球化战略的必然要求。随着全球化程度的加深，供应链的运作范围也随之扩大。在最初阶段，这可能导致成本上升、效率下降以及组织的细化和分散，增加了管理的复杂性，特别是跨国企业间的沟通和协同运作面临巨大挑战。然而，通过运用全球供应链管理的理念和模式，借助信息技术，尤其是利用互联网这一低成本、高效率的信息传输平台，可以有效消除信息交流和共享的障碍。这加强了企业间的业务交流和协作，整合了它们的业务流程，加快了业务处理速度以及对市场和客户需求的响应速度，提高了企业和整个供应链的管理效率。可以说，全球供应链管理是国际企业资源集成的桥梁，它使全球资源能够根据市场需求动态组合，以适应不断变化的客户需求。这种管理模式促进了企业间多样化的合作，增强了联合优势，并从全方位角度实现了资源的整合。

当今的供应链管理涵盖了市场和客户需求分析、新产品研发、战略资源获取、产品制造、销售、订单履行、交货和运输配送等环节，这些环节均要纳入全球化供应链管理的视野。因而全球供应链管理比一般供应链管理更为复杂。此时，运用先进的信息技术变得至关重要。全球供应链管理系统和其他高级信息技术的应用，对于信息的精确和快速采集与传输，以及复杂事务的高效处理至关重要。现今，互联网和电子商务技术为全球供应链上的信息交流和处理提供了有效的工具，供应链成员能够通过互联网共享和交流信息，在电子商务平台上实现企业间业务的协同运作。如此一来，合理调配了供应链上的资源，加速了库存和资金流动，提高了供应链的运作效率和竞争力。这些新兴技术的发展为全球供应链管理提供了强大的支持和保障。

（二）全球供应链管理的特征

全球供应链管理是一种新型的供应链管理模式，具备以下三大特征：

第一，全球供应链管理实质上是以跨越国界的消费者需求为动力，旨在迅速响应全球顾客的各种需求。这种管理模式认为，了解并满足全球消费者的需求是赢得全球供应链竞争的核心策略。

第二，全球供应链管理进一步主张，通过采纳一种全新的合作与竞争观念，在全球市场范围内对供应链成员进行协调，推崇合作超越竞争的理念。这种观念视供应链为跨国界的动态联盟，倡导成员间相互信任，合力拓展国际市场，以实现供应链系统的最大效益。

第三，在技术层面，全球供应链管理依赖于现代的网络信息技术。高度集成的国际网络信息系统构成了此管理模式运行的技术支柱，确保了各环节的顺畅互动和信息的实时流通，这使得供应链各方能够及时响应市场变化，优化资源配置，并在全球范围内实现运作的高效性。

（三）全球供应链管理的功能

对于任何公司而言，如大型跨国公司，实施全球供应链管理都是一个逐步推进的过程，而非一步到位的变革。实施全球供应链管理需经历几个发展阶段。以下从产品开发、采购、生产、需求管理和订单履行角度简述全球供应链管理的功能。

1. 产品开发

产品设计需灵活，以便适应不同市场的需求，并能在多个制造机构中生产。设计适用于多个市场的通用产品具有一定风险，对此，可以设计一款基础产品，其设计要易于修改，以满足不同市场需求。国际产品设计团队在此过程中扮演着关键角色。

2. 采购

从全球供应商那里采购关键生产物资对公司较为有利。这种做法既确保了原材料的质量，也使采购人员能够比较不同供应商提供的价格。全球供应商也为提高全球供应链的灵活性提供了保障。

3. 生产

分布在不同地区的多余产能和工厂对于在地区间实现生产转移至关重要，这种转移充分利用了全球供应链的优势。为实现这种转移，必须建立有效的通信系统，以实现供应链的有效管理。另外，工厂之间的有效沟通和集中管理能使供应链上的生产商对当前系统状态有清晰的了解。

4. 需求管理

需求管理通常基于对各地区需求的预测，结合适宜的产品策划全面的促销战略和销售计划。为实现供应链的整合管理，需求管理应具备一定的集中化特征。以地区为基础的分析能提供需求管理所需的市场敏感信息。类似于生产环节，供应链上各单位间的有效沟通对于全球化供应链管理的成功至关重要。

5. 订单履行

采用集中式的订单履行系统能使全球各地区的消费者方便地获取产品，仿佛是从当地购买。如果订单履行过程烦琐，消费者可能会转向其他供应商，从而使全球供应链不能顺畅运行。公司只有在为灵活供应链战略做好充分准备后，才能最大化地利用全球供应链。

（四）全球供应链管理的系统

全球供应链管理系统是数据驱动的，所以，全球供应链特别需要标准化的数据处理。供应链涵盖了供货、生产、装配、运输、批发等多个环节。从客户下单开始，各种交易在上述环节逐步展开，直至将成品送到客户手中。这些数据通常通过电子数据交换（EDI）来交换。数据交换在整个供应链管理中扮演着关键角色，在协调各组织单位间的运行、预测生产及运输能力规划中发挥基础作用，是企业战略决策过程中不可或缺的环节。

三、供应链全球化的驱动力

（一）国际市场驱动力

在当前的国际商业环境下，国际市场驱动力成为企业关注的焦点。对于仅在国内运营的公司而言，外国企业的介入影响了本土业务。要想解决这一问题，公司可把业务扩张到国外市场。举例来说，早餐谷物领域主要由美国的 Kellogg 公司和欧洲的 Nestlé 公司主导，两大企业尝试进入对方的本土市场，都以失败告终，进而导致了市场份额的僵持。

（二）技术力量驱动力

技术力量与产品紧密相关，是企业在全球市场上迅速有效利用资源的关键。对此，企业需要将研发、设计以及生产基地设立在关键地区。公司常通过与不同区域的企业合作，来获得技术优势和市场份额，并选择在合作伙伴附近建立合资工厂。与此同时，建立全球研发机构变得日益普遍，主要原因包括：

第一，产品生命周期缩短，时间的重要性愈发凸显，因此，将研发中心设在生产基地附近变得格外重要。这样既便于技术的迁移，也有利于及时处理在技术转移过程中遇到的问题。

第二，不同区域拥有特定技术专长的人才，如微软在英国剑桥大学设立研究实验室是为了利用当地人才的专业技能。

（三）全球成本驱动力

全球成本驱动力在公司进行海外生产地点选择时扮演着关键角色。非技术成本往往是决定性因素，如廉价劳动力是公司选择在特定地区设厂的主要驱动力。随着全球化程度加深，其他成本因素的影响也在增加。例如，技术成本现在成为一个重要因素，很多美国公司选择在印度开发软件，因为那里的软件开发成本较低。为了提高供应链的效率和降低成本，公司常常采取策略，让供应商与消费者在地理上靠近，这使建立跨市场的一体化供应链变得至关重要。此外，在建立新工厂时，资本成本的考量通常会优先于劳动力成本，很多政府提供税收减免政策或成本共担计划，以减轻新工厂的建立成本。供应商的价格降低、建立合资企业来共担成本等都是影响生产地点选择的重要因素。

（四）政治和经济驱动力

地区贸易协定可能会激励公司进入某一特定国家。在欧洲、环太平洋以及北美自由贸易区内，从区内进口原材料和生产通常比其他地区更为便捷。一个典型例子是，企业将产品运至某一贸易区来规避成品税。

类似地，各种贸易保护措施也会对全球供应链造成显著影响，如关税和配额限制了产品的进口，并促使公司在出口国或地区考虑投资建厂。其他更为微妙的贸易保护政策，如地方性保护要求，同样对供应链有所影响。例如，美国的 Texas Instruments 和 Intel 公司都选择在欧洲进行微芯片加工，而日本汽车制造商则将生产基地设在欧洲，这些举措多受政治、经济因素的影响。

第二节 国际物流

一、国际物流概述

国际物流作为不同国家间的物流活动，是国际贸易不可分割的一部分，是各国间贸易交往的实现途径。作为现代物流系统中的关键部分，国际物流取得了显著成就，并成为一种新兴的物流形态。

随着东西方冷战的结束和贸易国际化趋势的加强，以及国际贸易壁垒的消除和新的国际贸易组织的建立，一些地区已经超越国界限制，形成统一市场，这些变化使国际物流面临新的挑战和机遇，其运作模式也随之发生变化。近年来，国际物流成为全球学者关注和研究的热点话题。例如，世界第九届国际物流会议就以"跨越界限的物流"为主题，探讨物流观念和方法在国际化进程中的发展。

对企业，尤其是跨国企业而言，国际物流的重要性日益增强。近年来，跨国企业迅速发展。企业在全球范围内寻找贸易机会、理想的市场和最佳的生产基地，这导致企业的经济活动领域从特定地区和国内扩展到国际层面。这种趋势使国际物流成为重要议题。对此，企业必须更新物流观念，增加物流设施，并按照国际物流的要求对现有物流系统进行改造，以支持其国际贸易战略。

对于跨国公司来说，国际物流既是商贸活动的结果，也是生产活动的必然要求。企业实施国际化战略意味着在一些国家生产零件和配件，而在另一些国家进行组装。这种生产环节之间的衔接，同样依赖于有效的国际物流。国际物流成为连接全球生产和市场的关键环节，对于实现企业的国际化战略至关重要。

二、国际物流的特征

第一，国际物流范围广泛，涵盖了多个国家，还涉及众多的内外因素，需要更长的时间进行协调和管理。范围广泛带来的直接结果是难度和复杂性的增加以及风险的提高。但当国际物流运用现代化技术后，其效率和效益将大幅提升。例如，开通某一大陆桥后，国际物流的速度将显著加快，其带来的效益也会大大增加。

第二，国际物流的高效运作依赖于强大的国际化信息系统。作为国际物流，尤其是国际联运的关键工具，国际化信息系统的建立面临管理上的挑战，具有巨额投资需求。为应对全球不同地区物流信息技术水平不均衡的问题，可将国际物流信息系统与各国海关的公共信息系统连接起来，这样可以及时获取有关各港口、机场、联运路线和站场的实时信息，为物流决策提供支持。国际物流是较早采用电子数据交换（EDI）的领域之一，基于EDI的国际物流系统对物流国际化有着深远的影响。

第三，国际物流要高度标准化。为了确保国际物流的畅通，应当统一标准，如果缺乏统一标准，国际物流效率将难以提升。例如，美国和欧洲国家制定了物流工具和设施的统一标准，如托盘的标准尺寸、集装箱的统一规格等，这些统一标准极大地降低了物流成本和转运难度。而那些没有采用统一标准的国家，在转运换车等方面会产生更多的时间和费用成本，削弱了其在国际竞争中的优势。在物流信息传递方面，欧洲国家一方面在企业内部实现了标准化，另一方面在企业间及整个欧洲市场实现了标准化，使得欧洲各国之间的物流交流比与亚洲、非洲国家的物流交流更为简便和高效。

三、国际物流作业的环节

国际物流作业包括商品的储存、运输、加工与包装、检验及配送等环节。这些环节共同协作，以提高物流效率，满足全球供应链运作及跨国经营的需求。

（一）储存环节

国际物流的储存功能与普通物流的储存功能既存在相似之处，又存在差异性，其差异性在于国际物流的运作地点多集中在各国的保税区和保税仓。保税仓作为国际物流中的关键设施，是经海关批准的专用仓库，用于存放保税货物，配备有专业的安全设施。在国际贸易和跨国经营中，商品通常从生产国工厂或集中仓库运往附近装运港口，并可能暂时储存。到达目的地港口后，货物可能继续储存，直至送到最终客户手中。若货物未立即使用，它可能继续储存在客户的仓库中。储存在国际物流中是频繁且关键的业务。为提高国际物流的效率，物流管理应着重于缩短货物储存时间和减少储存量，以加快货物和资金流转。

（二）运输环节

运输在供应链管理中负责将库存从一个地点转移到另一个地点，实现商品价值的空间转移。在物流系统中，运输是连接商品生产地与需求地的桥梁，为商品创造空间效益。尤其在国际物流中，跨国运输成为核心环节及连接全球贸易的关键纽带，通过各种运输模式和路径的组合，满足国际贸易和跨国经营的物流需求。跨国运输具有广阔的地理范围、多样的交通工具和运输方式、长远的路线、复杂的手续、较高的风险等特点。国际贸易中的货物运输费用占产品价格的比值较大，因此优化运输策略、选择合适的运输模式和路径，以及高效处理运输单据和适当的保险投保至关重要。这些因素直接影响着供应链的响应速度和运营效率。

在运输策略选择方面，企业要在货物运输的成本与速度之间进行权衡。例如，面对追求快速响应的客户群体，企业会选择快速运输模式；面对追求价格的客户群体，企业会选择低价运输策略。企业还可以在运输和库存之间寻找平衡，以提高供应链的整体响应能力和效率。

选择运输模式，即确定将货物从供应链的一个节点运送到另一个节点的具体方式。它有六种可供选择的方式：

1. 空中运输

空中运输是最迅速的运输方式，特别适用于紧急或高价值货物的运输。它的主要优势在于速度快和货物安全性高。其劣势在于成本较高且在货物重量和体积上存在限制。

2. 铁路运输

铁路运输是承担中长距离干线任务的理想方式，特别适用于大批量货物的运输。铁路网络覆盖范围广，具有较强的计划性，运费适中。其优点是长途运输成本低，运输能力强，且不易受天气影响。其缺点是缺乏灵活性和机动性。

3. 卡车运输

卡车运输在灵活性和机动性方面具有明显优势，适合于要求快速、灵活的短途运输和城市配送。虽然其运输能力相对有限，成本较高，但能够提供门到门的服务。

4. 海上运输

海上运输是跨国长距离运输中成本最低的方式，特别适用于大批量海外货物的运输。虽然速度较慢，但其运输成本低廉，是国际大宗货物运输的首选。

5. 管道运输

管道运输主要用于输送液体和气体，如石油和天然气。这种方式的应用范围较窄，但其在特定领域内效率高。

6. 电子运输

电子运输是现代运输方式的新趋势，涉及将数据和信息产品（音乐、视频、文档等）通过互联网传输。这种方式速度极快，成本低廉，且无地理限制。

在选择运输路径时，需要综合考虑成本和速度两个重要因素，以找到最优的运输方案。企业需在网络设计阶段优化整体结构，并在具体选择运输路线时考虑这些因素，确保选择的方案符合企业的运输需求。

（三）加工与包装环节

在国际商务中，货物的加工与包装环节通常在保税仓内进行。为了节约运输成本，许多商品采用大包装或整体包装运输，到达目的地后则需要进行拆分、整理和再包装，以适应市场需求。包装的影响力不容忽视，很多消费者的购买决策都会受到商品包装的影响。在跨国业务中，包装是对商品的一次解说，也反映了一个国家的科技和文化水平。考虑到国际长途运输经常涉及多种运输方式，包装的质量直接关联到商品的保护和损耗率。在国际贸易和物流中，商品的加工和包装需要满足特定的国际标准，即质量、尺寸、体积、规格、批量和标识等方面的一致性和标准化。随着人们环保意识的增强，近年来国际市场开始逐渐推行各种环保标准，促使企业在包装设计和材料选择上注重环保，以符合所谓的"绿色壁垒"要求。这些环保措施有助于保护环境，也成为商品进入国际市场的一个重要考量因素。

（四）检验环节

在国际贸易中，商品检验是确保货物符合合同规定的品质、数量和包装条件的关键步骤，是跨国物流流程中不可或缺的环节。根据国际贸易惯例，商品检验可以在出口国进行，也可以在进口国进行。有时，即使在出口国完成检验，到进口国仍可能要求复检，以确认货物在运输过程中的状态。执行商品检验的机构多种多样，包括出口国的卖方或制造商的检验机构、进口国的买方或使用方的检验机构、由国家设立的官方检验机构、民间的公证机构，以及行业协会设立的专业检验机构。检验时可以采用生产国的标准，也可以采用买卖双方协商同意的标准，还可以采用国际标准。此外，检验的方法、工具和所使用的试剂必须符合国际通行的规范。商品检验单是国际贸易中议付货款的重要凭证之一，而且在一定程度上起到减少交易风险的作用，确保国际交易的顺利进行。

（五）配送环节

配送可以实现物流系统化和规模经济的有机结合，它通过集中配送的方式，优化物流系统的运作。这一过程使得物流能够按规模集约化操作，可以显著提高多品种、小批量、高周转的商品运送能力。此举既降低了整体物流成本，又使得流通方式与大规模生产方式相协调，实现了规模经济效益。在出口环节，企业常采用在本地采购、加工、包装、检验，然后直接出口的策略，这种做法有效地减少了物流成本。在配送中心将小批量货物集中整合成大批量的出口货物，再以预定方式运送至目的地，这个过程被称为"集配"。

进口环节的操作与出口相反，涉及将大宗进口货物在配送中心拆分成小批量，再通过越库中转配送的方式分发到不同的目的地，或者经过再加工和包装后进行分发，这一过程被称为"散配"。这样的配送流程能够减少进出口货物在途的积压，也可以有效实现商品的增值。有效的配送策略能够节省时间和成本，加速商品和资金的流转，提高整个供应链的效率。

四、国际物流信息化管理

国际物流的复杂业务要求其管理系统具备处理和传递大量信息的能力，以保证国际贸易和跨国经营的高效率、低成本和高效益。这种信息处理的过程要求基础设施具备安全和高速的传输能力。传统上，国际贸易主要依赖电子数据交换（EDI）来实现业务的无纸化处理，而现代技术如互联网和电子商务技术，则为全球信息传递提供了更加快速、便利和经济的方式，这些技术使得全球供应链的成员能够及时获取并分享全球资源信息和市场需求数据，进而更有效地进行物流活动。随着这些信息技术的应用，全球供应链上的成员之间的信息交流和共享变得更加顺畅，极大地促进了物流业务的发展。

在物流管理系统中，先进的技术如地理信息系统（GIS）、全球定位系统（GPS）、射频识别（RFID）、条码技术等，进一步推动了物流运作的科学化、自动化和智能化。这些技术帮助物流管理更科学地进行决策，实现存储自动化、采购电子化和配送过程无纸化，同时使运输更加智能化。它们相互配合，可减少整个供应链上的库存量，合理安排运输区域和路线，提高运输工具的使用效率。此外，这些技术在仓储和配送环节中加快了货物处理速度，减轻了作业强度，降低了错误率，提高了效率和节约了成本。通过这种技术支持，全球供应链运作更为顺畅，为企业带来更大的竞争优势和盈利空间。

第三节 跨境电商全球供应链可持续管理

一、企业社会责任与可持续供应链

（一）企业社会责任

在供应链管理方面，企业应当承担四个方面的社会责任。

1. 坚守商务伦理道德准则、相关法规

供应链管理中的商务伦理道德要求在各个层面实现对贸易、环境责任的履行和对劳动标准的遵守，包括企业内部对伦理准则的坚守，以及对消费者、供应商和工人权益的保护所涉及的各种法律和法规的遵循。供应链管理中的商务伦理道德要求企业确保在采购、交易和供应商管理中实行公平、透明和诚实的原则。这包括提高竞争的公平性，避免操纵或胁迫行为，并强调供应商的多元化和多样化，以促进社会和经济目标的实现。例如，企业应支持本地和小型企业，以及少数民族企业，同时最小化运输路程，以降低对环境的影响。

2. 选择合适的供应商和商品

企业应选择符合商务伦理的模范供应商。企业在采购过程中，应选择符合道德规范的物品，如选择未在动物身上做测试的产品、用非稀缺资源制成的物品，以及在安全的工作条件下生产的商品。企业需承诺提高供应商的收益，确保价格的公平性，特别是在买方市场主导的情况下。企业应承担对供应商的教育、监督和管理的责任，确保供应商公正对待员工并严格遵守环境标准。

3. 保护自然环境

要想将健康、可持续发展的世界传给后代，企业需要理解"保护环境与经济增长是可以共存的"这句话。在当前的时代背景下，环保是社会发展的重要动力，同时为企业带来新的市场机遇。对此，企业应采取积极措施，如开发环保产品、使用环保包装、采用绿色生产工艺，主动设定环保标准，建立绿色、低碳的供应链，以满足日益增长的消费者需求，提升企业形象并形成独特的竞争战略。随着环保成为重要话题，环保企业受到广泛的关注。

4. 为所在地带来价值，尊重当地文化

企业应积极为所处地区创造价值，尊重并融入当地文化，通过传播新技术、提供就业机会、提升员工技能、增强环保意识、确保工作场所的安全等方式，为当地社会作出贡献。企业还应推广公平竞争的理念，杜绝贿赂行为。当下，企业不承担社会责任已成为商业风险之一，可能产生潜在成本，如某化工企业因超标排放被政府关闭，苹果公司中国装配工厂的恶劣工作条件曝光导致品牌形象受损，这些案例均体现了企业社会责任的重要性。

（二）可持续供应链

1.可持续发展

1992年的联合国环境与发展大会提出了"可持续发展"的概念，此概念强调在追求经济增长的同时，必须考虑生态环境的承载力，以实现人口、环境、社会、资源与经济的协调发展。在商业贸易领域，可持续发展已成为一种备受推崇的发展模式，它旨在保护人类赖以生存的环境，同时确保组织的持续发展。可持续发展的核心在于遵守"三重底线"原则，即对经济、环境和社会三方面的综合考虑。

第一，经济可持续性关注持续的经济绩效及其对社会的益处，如提供就业机会、持续获取商品和服务、纳税和投资等。

第二，环境可持续性强调对环境的积极贡献或将环境影响降至最低，这包括采取保护自然环境的措施。

第三，社会可持续性要求企业对劳动力和所在社会公平、有益，实施促进社会发展的商业策略，这涉及提供良好的工作环境、禁止使用童工和维护基本人权等。

企业及其供应链的运作需遵循可持续发展原则，不单纯以利润为衡量标准，而是融入对环境保护和社会责任的考量。为实现这一目标，企业可采取以下措施：①为确保合法运营，应获取政府部门颁发的经营许可证；②通过树立可持续品牌，提高企业的公信力，创造更大的盈利空间；③最小化由不道德或不负责任行为引起的信誉损失和风险；④重视对稀缺和不可再生资源的保护；⑤通过节约资源、循环利用、减少包装和能源消耗等多种方式，降低成本并提高收益；⑥降低企业所面临的道德风险。

2.可持续供应链管理

在全球化的大背景下，供应链竞争战略已成为企业新型竞争力的体现，其中的可持续供应链管理显得尤为关键。这种管理方式是将可持续理念应用于供应链管理中，在不损害未来企业面对经济、环境和社会挑战能力的同时，满足当前供应链成员的需求。这涉及客户和相关利益方的需求，要求组织通过系统化协调来整合核心业务流程，有效管理供应链中的物流、信息流、资金流以及与供应商的合作。实行可持续供应链管理意味着在组织管理活动的发展模式、文化价值观、生产方式、产品性能和技术管理等多个方面强调人与自然和谐共生。它促使企业重新审视自己的社会责任，全面整合知识和技术资源，这样既提升了企业的综合竞争力，又对企业的可持续发展产生了深远的影响。

在这种供应链环境中，可持续采购成为一个核心活动。可持续采购被视为一种购买产品和服务的过程，这一过程会反映其对人类、利润和地球所产生的长期影响，强调对资源的负责任使用和对社会的积极贡献。

实施可持续采购战略的企业通常会做到以下五点：①推出可持续的环境友好型新产品/服务来增加收入；②节省资源，提高能源效率，选择可持续的供应商，优化分销网络来降低成本；③重视品牌管理，视信誉为生命，发展具有社会与环境意识的客户群体来控制风险；④打造可持续的品牌，提升信誉价值，构建企业无形资产；⑤发展与关键供应商和顾客间密切的合作关系。

绿色采购是环保意识的具体体现，旨在确保所购买的物料能让组织实现环境保护目标。绿色采购在采购决策中始终考虑对环境的影响，这一过程从产品和流程设计开始，贯穿产品的整个加工过程，直至产品生命周期结束。

二、绿色供应链与绿色物流

（一）绿色供应链

企业重视绿色供应链管理，上下游企业之间互相沟通，从产品最开始的设计到材料的选择、产品的制造、包装、运输、销售、回收利用等方面都考虑到环境影响，体现绿色理念。在产品设计阶段，企业应考虑产品整个生命周期对环境的潜在影响，确保产品易于拆卸和回收，避免产生有毒副产品或大量废弃物。为了促进回收利用，产品的内部构件应尽可能实现标准化和通用化。在材料的选择上，企业倾向于使用普遍可获得的材料而非稀缺资源，并优先考虑那些对环境友好、可自然分解并被自然吸收的材料。在产品设计阶段，企业应追求材料使用的高效性，即用最少的材料实现最大的功能或用相同的材料提供更多功能。在生产过程中，企业应采纳清洁生产理念，高效利用原材料，并通过改进生产工艺和设备，优化运营管理，实现节能减排。在产品包装方面，企业应以简化包装功能和提高材料利用率为目标，减少资源浪费和环境负担，以实现整个供应链的绿色化。

对于功能型产品的供应链，重点在于评估并减少其对环境的影响，这可以通过使用环保替换件和新型材料或部件来实现，这些替换有时能显著提升产品性能。对供应商的辅助也至关重要，以鼓励他们成为环保友好型的合作伙伴。在创新型产品供应链中，对环境友好特性的考虑应从设计阶段开始，智能系统和应用软件的创新成为受欢迎的方向。企业在选择供应商时，应注重其声誉和技术水平，采用可持续采购策略。

（二）绿色物流

1. 基本内涵

绿色物流旨在将环境管理理念融入物流行业的各个层面，加强物流行业中保管、运输、包装、装卸搬运、流通加工、废物回收等各环节的环境监管。此模式不局限于单个企业的绿色物流实践，还在宏观层面上强调了社会化绿色物流设施和活动的整体管理。绿色物流的核心目标是在确保物流资源充分利用的同时，最大限度地减少物流活动对环境的伤害，并促进物流环境的净化。绿色物流可依据政府相关政策和法规开展，这样能有效遏制物流开展过程中可能产生的污染和能源浪费。

2. 具体内容

绿色物流主要包括以下几部分内容：

（1）绿色运输。绿色运输的实施核心在于优化运输工具、线路，提高车辆装载效率，缩短运输距离，以缓解交通拥堵。开展绿色运输的目的在于实现运输过程的最优化，减少能源消耗和排放。运输中应使用清洁能源，以减少环境污染。运输安排应避开高峰时段，利用时间窗口，推动共同配送，发展物流合作联盟。宏观上，城市规划应重视交通网络的整合，包括公路、铁路、水路的相互衔接，构建全面的交通管理体系，并合理规划物流园区。

（2）绿色仓储。在绿色仓储方面，重点是选择合适的仓库位置，科学布局，运用先进技术来提高仓储效率。对于易变质或有潜在环境危害的物品，应采取科学的保护措施，以防止其变质、泄漏，减少损耗和环境损害。此外，要制定科学的仓储规划，建立环境管理体系，确保周边环境安全。

（3）绿色包装。在包装方面，要采用简化、可降解的包装材料，提高包装材料的再利用率，控制资源消耗。例如，使用可食用的包装材料，如大豆蛋白膜、耐水蛋白膜、豆渣制成的可食用包装纸等。推广可回收利用的包装，如啤酒瓶、纸质包装盒等，旨在减少环境负担，实现包装材料的可持续循环利用。

（4）绿色装卸搬运。在绿色物流实践中，要减少装卸搬运过程中的环境污染，如粉尘和烟雾。为此，企业应采用防尘设备，并加强对现场的管理与监督，以避免物料泄漏和损坏。

（5）逆向物流。逆向物流是绿色物流的关键组成部分，涉及产品循环、替代、回收利用及退回处置等活动。逆向物流强调建立完善的产品召回、废物回收和危险废物处理制度，目的在于通过特定方式，对尚未实现其价值的物品进行再加工利用，以重塑产品价值。

为推动绿色物流的发展，既要构建环保友好的文化，又需注重员工的参与和意识培养。企业应加强对绿色物流理念的宣传。例如，在仓库、货车停放等地方张贴环保标语，提醒仓库管理员和驾驶员注意环保。通过这种方式，员工能够更加自觉地将环保理念融入日常工作中，如在等待装卸货物时，驾驶员会自觉关闭货车发动机，以减少尾气排放。

参考文献

[1] 易高峰.数字经济与创新管理实务[M].北京：中国经济出版社，2018.

[2] 易高峰，常玉苗，李双玲.数字经济与创新创业管理实务[M].北京：中国经济出版社，2019.

[3] 邱漠河，余来文，陈昌明.数字经济：企业定位、协同管理与经营绩效[M].北京：企业管理出版社，2021.

[4] 胡雨.探索与发展：跨境电商理论与实务研究[M].北京：中国商务出版社，2018.

[5] 张壤，陶梅，孙润霞.跨境电商物流实务[M].长沙：湖南师范大学出版社，2020.

[6] 陈道志，卢伟.跨境电商实务[M].北京：人民邮电出版社，2018.

[7] 鄂立彬.跨境电商供应链管理[M].北京：对外经济贸易大学出版社，2017.

[8] 孙韬.跨境电商与国际物流：机遇、模式及运作[M].北京：电子工业出版社，2017.

[9] 付文宣，吴超.数字经济发展的中国式现代化道路研究[J].延边党校学报，2023，39（5）：10-13.

[10] 王晨曦.数字经济与实体经济的深度融合研究[J].中国商论，2023（19）：5-8.

[11] 陈洪飞.跨境电商发展对我国出口贸易提质增效的影响研究[J].全国流通经济，2023（19）：24-27.

[12] 张威.数字经济背景下跨境电商发展的创新路径研究[J].全国流通经济，2023（18）：76-79.

[13] 杜芳芳.双循环背景下跨境电商企业可持续发展研究[J].中国商论，2023（18）：53-58.

[14] 王韦.大数据技术在跨境电商物流区成本控制中的应用研究[J].贵阳学院学报（自然科学版），2023，18（3）：40-44.

[15] 梁琳，金光敏.数字经济赋能我国产业链韧性提升的路径研究[J].齐鲁学刊，2023（5）：129-138.

[16] 曾繁清.数字化转型的供应链协同机制及效应[J].当代县域经济，2023（9）：52-55.

[17] 包子敏.数字经济背景下新零售供应链优化路径探究[J].中国物流与采购，2023（17）：77-78.

[18] 李娟，韩纪梅.数字经济背景下区块链技术对审计工作的影响分析[J].全国流通经济，2023（16）：177-180.

[19] 唐艳，刘小军.数字贸易4.0背景下跨境电商供应链运营优化对策探究[J].现代商业，2023（16）：15-18.

[20] 滕飞.跨境电商企业供应链管理优化策略分析[J].黑河学院学报，2023，14（9）：35-37.

[21] 鹿贝贝.数字经济时代我国供应链的发展路径探究[J].中国商论，2023（15）：58-61.

[22] 余宇新，李煜鑫.区块链技术促进数字文化产业高质量发展的机制[J].上海经济研究，2023（8）：32-41.

[23] 张芳馨，夏俊栋.数字经济背景下智慧供应链发展路径研究[J].物流工程与管理，2023，45（8）：79-81.

[24] 孙维峰.区域经济数字技术及供应链"双支撑"模式研究[J].中国航务周刊，2023（30）：66-68.

[25] 欧阳日辉，龚伟.促进数字经济和实体经济深度融合：机理与路径[J].北京工商大学学报（社会科学版），2023，38（4）：10-22.

[26] 杨扬.数字经济赋能产业链供应链现代化水平提升探析[J].商展经济，2023（13）：60-63.

[27] 李向红，陆岷峰.基于跨境电商场景下供应链金融中区块链技术应用研究[J].金融理论与实践，2023（6）：51-59.

[28] 赵鼎新.数字经济时代下精选电商供应链管理的多案例研究[J].大陆桥视野，2023（6）：45-47.

[29] 陈玉婷.数字经济时代海南生鲜农产品供应链优化研究[J].南海学刊，2023，9（3）：113-122.

[30] 邓桂连.数字经济贸易下区块链＋供应链金融发展模式探讨[J].上海商业，2023（4）：97-99.

[31] 张煦阳.跨境电商供应链风险分析[J].中国储运，2023（4）：166-167.

[32] 张文锦，乔培琪.基于共生理论的跨境电商供应链优化研究[J].国际公关，2023（4）：107-109.

[33] 陶青霞.数字化供应链视角下跨境电商发展的新机遇[J].北方经贸，2022（12）：12-15.

[34] 折贝.RFID射频技术在鞋服仓储管理系统中的运用[J].中国皮革，2022，51（8）：118-121.

[35] 荣庆.RFID技术在供应链管理中的作用及价值应用[J].数字技术与应用，2021，39（12）：56-58.

[36] 董勤，陈帆.跨境电商供应链运作影响因素研究[J].供应链管理，2021，2（2）：13-25.

[37] 谷斌，蔡丹萍.跨境电商企业供应链绩效的影响因素研究[J].中国商论，2020（4）：111-113.

[38] 谢建英.供应链环境下跨境电商的库存管理模式探究[J].营销界，2019（29）：233，235.

[39] 沈洁，占丽.跨境电商模式下供应链管理中的订单实施问题分析[J].经济研究导刊，2018（27）：146-148.

[40] 李浪，刘伟芳，李丹蕾，等.新零售模式下条码技术助力冷链供应链[J].条码与信息系统，2018（4）：26-27.

[41] 甘淑婷.跨境电商可持续供应链绩效评价模型的优化建立[J].价值工程，2017，36（24）：96-98.

[42] 蔡礼辉, 饶光明. 跨境电商供应链绩效评价 [J]. 财会月刊, 2016（27）: 78-81.

[43] 韩开明. RFID 射频技术在仓储物流管理中的应用研究 [J]. 电子技术与软件工程, 2015（16）: 46, 109.

[44] 冯柠. 浅谈二维条码在物流供应链管理中的应用 [J]. 黑龙江科技信息, 2015（10）: 70.

[45] 付荣华. 条码技术在供应链管理中的应用 [J]. 中国商界（下半月）, 2010（11）: 222-223.

[46] 商竞, 苟文博, 李秀娟. 基于无线射频技术品供应链溯源系统 [J]. 自动化与仪器仪表, 2022（4）: 57-61.

[47] 冯雅情. 跨境电商供应链绩效的影响因素研究：基于保税进口模式 [D]. 郑州：河南财经政法大学, 2022.

[48] 王欣蕾. 新经济背景下京东供应链创新发展研究 [D]. 乌鲁木齐：新疆财经大学, 2021.

[49] 及雅婷. 跨境电商对我国制造业转型升级的影响：基于跨境电商综试区的准自然实验分析 [D]. 济南：山东师范大学, 2023.

[50] 徐梦柯. 数字化业务赋能跨境电商平台企业发展深化研究 [D]. 长春：吉林大学, 2022.

[51] 李泽坤. 数字经济对跨境电商与物流协同性影响研究 [D]. 郑州：河南财经政法大学, 2023.

[52] 孙笑洒. 数字贸易壁垒对我国跨境电商出口的影响研究 [D]. 昆明：云南财经大学, 2023.

[53] 袁亚平. 数字贸易壁垒对中国跨境电商出口的影响研究 [D]. 武汉：中南财经政法大学, 2022.

[54] 卜志珍. 产业融合视角下跨境电商和物流演化博弈分析及策略研究 [D]. 杭州：杭州师范大学, 2022.

[55] 庄子珺. 进口跨境电商平台品牌形象对消费者购买行为的影响研究：基于天猫国际样本 [D]. 南昌：江西财经大学, 2023.

[56] 任静.跨境电商企业供应链管理优化研究：以希音公司为例[D].长春：吉林大学，2023.

[57] 刘荟.SHEIN跨境电商公司物流服务质量对顾客忠诚的影响研究[D].南宁：广西民族大学，2023.

[58] 杨明.中国B2C跨境电商平台发展模式研究：以全球速卖通为例[D].长春：吉林大学，2023.